Climat, crises : le plan de transformation de l'économie française

The Shift Project

Climat, crises : le plan de transformation de l'économie française

Avant-propos
de Jean-Marc Jancovici

Odile Jacob

Direction éditoriale
Matthieu Auzanneau, Emma Stokking

Illustrations
Agathe Duffour

Infographies
Anaïs Carrière, Serge Nicolas

Retrouvez l'ensemble des publications
du Plan de transformation
de l'économie française (PTEF) ici :
http://ilnousfautunplan.fr

15, rue Soufflot, 75005 Paris

www.odilejacob.fr

ISBN : 978-2-7381-5426-2

Sommaire

Avant-propos

Jean-Marc Jancovici

Dans deux ans, nous fêterons (ou pas !) la découverte de l'effet de serre en 1824 par Joseph Fourier. Dans un article intitulé « Remarques générales sur les températures du globe terrestre et des espaces planétaires », ce physicien français exposa alors que notre atmosphère était transparente au rayonnement reçu du Soleil (composé de lumière visible et d'infrarouges de courte longueur d'onde), mais pas à celui émis par la Terre (des infrarouges de grande longueur d'onde). Il résultait de cette seconde caractéristique un phénomène d'augmentation des températures au sol.

Quatorze ans plus tard, un autre physicien français, Claude Pouillet, identifia les deux principaux gaz à l'origine de cet effet : la vapeur d'eau et le dioxyde de carbone, ou CO_2. Il en déduisit dès cette époque que toute variation de la quantité de CO_2 dans l'atmosphère faisait varier le climat. De combien ? Svante Arrhenius, chimiste suédois, a donné un premier ordre de grandeur dès la fin du XIXe siècle : passer la concentration atmosphérique de CO_2 de 280 à 560 millilitres par mètre cube (on dit aussi « parties par million en volume », ou ppmv) conduirait la température de surface à s'élever de 4 °C.

C'est un peu plus que ce que donnent aujourd'hui les modèles climatiques, mais l'ordre de grandeur n'était pas si mauvais. À cette époque, l'utilisation du charbon était en plein essor, et celle du pétrole n'allait pas tarder à suivre. Arrhenius avait, en conséquence, prédit que l'ère des combustibles fossiles allait conduire à un réchauffement climatique.

C'est dire si les bases scientifiques de l'affaire sont anciennes. Mais, à cette époque-là, ce réchauffement à venir n'était pas considéré comme une mauvaise nouvelle, bien au contraire. Arrhenius y voyait une conséquence positive supplémentaire de nos avancées techniques, qui allait rallonger la durée de la saison de pousse des plantes, ou atténuer la rigueur des hivers, à commencer par ceux de son propre pays.

Toutefois, avec l'apparition des carottages dans les glaces et le fond des océans, ainsi que la généralisation de la spectrométrie de masse, le diagnostic a fortement évolué. Ces techniques, utilisées pour reconstituer les climats du passé, ont permis aux physiciens de comprendre que seuls 4 à 5 °C de réchauffement global séparent le dernier maximum glaciaire, il y a 22 000 ans, de l'ère plus chaude qui lui a succédé 10 000 ans plus tard, et qui a permis l'agriculture, et donc la sédentarisation puis l'urbanisation. Notre civilisation est la lointaine mais directe héritière de cette progressive évolution.

4 à 5 °C de hausse de la moyenne planétaire en 10 000 ans a donc suffi pour faire fondre de 3 kilomètres d'épaisseur les glaciers qui couvraient la totalité du Canada et l'Europe du Nord, pour élever les océans de 120 mètres, et pour faire passer la végétation européenne d'une maigre steppe, permettant la survie d'une population mille fois moins nombreuse qu'aujourd'hui, à d'abondantes forêts que nous avons pu couper pour créer nos terres cultivables.

Quelques degrés en un siècle, ce serait donc une transition de même ampleur qu'une déglaciation, mais en 100 fois moins de temps. Toute la différence entre une voiture qui s'arrête en quelques secondes – cela secoue mais on reste vivant – et celle qui s'arrête en rentrant dans un mur…

Depuis qu'elle a compris cela, la communauté scientifique ne cesse de nous alerter sur les dangers de l'expérience grandeur nature que nous avons initiée avec le climat. Nous pourrions penser que nous avons commencé à prendre le taureau par les cornes : en 1988, il y a eu la création du GIEC, suivi en 1992 de la Convention cadre des Nations unies sur le changement climatique. Nous avons créé d'innombrables ministères, agences dédiées, responsables du « développement durable » en entreprise, médias spécialisés, et plans de relance verts.

Malheureusement, rien de tout cela n'a ralenti la lente et régulière hausse des émissions de gaz à effet de serre dues à notre espèce. Et même, par une étrange ironie, plus les discours alarmistes se sont multipliés, plus les émissions ont augmenté !

C'est que la cause première de ce dérèglement climatique est une drogue dure. Elle s'appelle l'abondance énergétique, rendue possible par l'avènement des combustibles fossiles. Ces derniers ont permis de mettre à notre service une armée de domestiques mécaniques, à l'origine de la profonde transformation du monde que nous avons connue depuis deux siècles.

En remplaçant tout d'abord les paysans par des tracteurs, et des usines d'engrais et de phytosanitaires, l'énergie fossile a partout fait diminuer l'emploi agricole (alors même que la production augmentait), ce qui a entraîné l'émergence des activités et métiers d'aujourd'hui.

Après avoir vidé les campagnes, l'énergie fossile a permis de créer les villes, à grands coups d'aciéries, de cimenteries, de camions et de grues. L'industrie – des machines et encore des machines – met désormais à notre disposition des dizaines de millions de produits différents pour des prix sans cesse plus modiques (c'est cela « l'augmentation du pouvoir d'achat »), procure environ 40 mètres carrés d'espace habitable chauffé par Occidental, permet de se déplacer aux quatre coins du département, puis du pays, puis du monde, amène les jeux du cirque dans chaque foyer (la télévision puis Internet), allège les corvées domestiques (électroménager), crée l'hôpital moderne, etc. La marine marchande, l'aviation, les camions et les réseaux de télécoms ont mondialisé l'économie. L'abondance agricole (donc les machines) et la prophylaxie (rendue possible notamment par les réseaux d'eau potable) ont allongé l'espérance de vie. Enfin, en limitant le recours au travail physique (que les machines font à notre place), les machines nous ont libérés du temps que nous pouvons affecter aux vacances, aux retraites, aux études longues, ou... aux emplois de bureau ! Partout dans le monde, l'accès à l'énergie fossile – c'est-à-dire aux machines – a déformé de la même manière l'activité et les modes de vie.

La liste de ce que nous devons à notre costume d'Ironman est longue. Ce costume, ce sont essentiellement les énergies fossiles et carbonées – charbon, pétrole et gaz naturel, qui fournissent 80 % de l'énergie mondiale – qui ont permis de le fabriquer. Certes, la France dispose d'une exception bienvenue : son parc de production électrique émet très peu de CO_2. Mais, dans le monde, l'électricité s'est très majoritairement développée avec les combustibles fossiles, comme le reste.

Et ce sont ces énergies fossiles qui ont commencé à « détraquer » notre climat. Les sources « non carbonées », l'hydroélectricité, le nucléaire ainsi que les nouvelles formes d'énergies renouvelables (photovoltaïque et éolien pour l'essentiel) ne fournissent toujours que 20 % de toute l'énergie que mobilise le fonctionnement de l'économie mondiale. Ce pourcentage était le même en 1974...

Le drame de cette affaire, c'est donc que l'abondance énergétique a été rendue possible en sortant des énergies renouvelables, les seules disponibles jusqu'à il y a deux siècles. Ce sont ces énergies qui poussaient les voiles des navires, actionnaient les moulins et les forges, séchaient les récoltes et nourrissaient les animaux qui tiraient les charrues et les diligences. L'ère industrielle, nous la devons précisément au fait d'avoir compris comment mettre à notre service les énergies fossiles, grâce à la machine à vapeur et au moteur à combustion interne, dont la puissance est incomparable à celle actionnée par les énergies renouvelables.

Jugez plutôt : pour remplacer un seul laminoir par des ouvriers martelant de la tôle, il faudrait mobiliser 10 millions de paires de bras : 40 % de la population active de la France ! Nous ne percevons jamais dans notre quotidien la puissance de ce laminoir. Pourtant cette puissance est là, étalée sous nos yeux, dans chaque objet contenant de l'acier. Celui-ci permet les logements (armature des bâtiments), les infrastructures (ponts, tunnels, et réseaux de toute nature : gazoducs, pylônes et câbles, antennes-relais...), les transports (véhicules), l'agriculture (tracteurs), les meubles, les assemblages (vis et clous), l'eau courante, la cuisine, et pour finir toutes les machines industrielles (et donc... tous les objets). Bref, l'acier est partout. Pourtant, nous ne pensons jamais à la prothèse surpuissante qui lui a donné forme.

C'est cela l'énergie : la nourriture du costume d'Ironman en pièces détachées qui nous obéit au doigt et à l'œil, qui a tout changé dans le monde qui nous entoure, et qui pourtant reste pour une large part invisible et inaudible dans notre quotidien.

Revenons à nos moutons : pour limiter à 2 °C la dérive climatique que nous avons initiée, et dont les derniers étés ne fournissent qu'un modeste avant-goût, il va falloir apprendre à nos machines à se passer de l'essentiel de leur nourriture actuelle. Quelle taille le costume d'Ironman peut-il garder une fois que nous lui demanderons de se passer de sa nourriture fossile ?

Impossible, pensera peut-être le lecteur. Aucune exhortation précédente n'a servi à quelque chose, pourquoi en irait-il autrement à l'avenir ? C'est que, le temps passant, il y a désormais une seconde excellente raison de nous hâter enfin d'organiser la sortie des énergies fossiles, et celle-là ne dépend pas autant de notre seule volonté. Ces énergies sont apparues sous terre dans le cadre d'une lente fossilisation de restes de vie ancienne, qui demande un million de fois plus de temps que leur extraction au rythme actuel. Il n'est donc mathématiquement pas possible de consommer indéfiniment la même quantité tous les ans, et *a fortiori* encore moins une quantité indéfiniment croissante tous les ans.

Plus précisément encore, la consommation annuelle d'une ressource non renouvelable (pétrole, mais aussi minerais de toute nature) ne peut rien faire d'autre que de passer un jour par un maximum pour décliner ensuite. Il se trouve que, pour le pétrole conventionnel (tout le pétrole mondial sauf le pétrole de schiste américain, les sables bitumineux canadiens et les autres pétroles extralourds), l'Agence internationale de l'énergie a indiqué en 2018 que le maximum était survenu en 2008, et que cette production a commencé à décliner depuis. En termes très pratiques, cela a engendré pour l'Europe – et donc la France – une décrue subie de l'approvisionnement pétrolier. Pour des raisons identiques, il en va de même, sur notre Vieux Continent, pour charbon et gaz. Piochant dans ses mines de houille depuis deux siècles, l'Europe a passé son pic de production pour ce combustible solide il y a plus d'un demi-siècle. Le déclin depuis est donc inexorable et tout à fait indépendant des inquiétudes sur le climat. Pour le gaz, l'approvisionnement européen décline depuis 2004, année où la mer du Nord, qui fournissait plus de la moitié de la consommation domestique, a passé son pic. L'Europe n'a donc pas besoin de se demander si baisser ses émissions est un choix : cela va être son destin, par manque de carburant. Cette contrainte sur le pétrole, et, régionalement, sur le charbon et le gaz, ne signifie malheureusement pas la fin pour autant des émissions de gaz à effet de serre. Nombre de pays font reposer leur développement sur le charbon – dont il reste de gros stocks – et sur le gaz naturel, dont le pic de production n'est pas attendu avant 2030 au plus tôt. Par contre, compte tenu de sa domination sans partage dans le domaine du transport, en particulier celui des marchandises, le pétrole reste le sang de nos économies et de la mondialisation. Un approvisionnement en pétrole contraint, c'est une croissance économique contrainte et ralentie. C'est exactement ce que l'on observe aujourd'hui en Europe et plus largement dans les pays développés.

Qu'importe si les combustibles fossiles doivent décroître ! Nous compenserons grâce à des économies d'énergie et aux énergies bas carbone, renouvelables et nucléaire. Pour partie, oui. Mais pour partie seulement. À nouveau, rappelons que les énergies renouvelables, ce sont celles dont historiquement nous sommes sortis en enfilant notre costume d'Ironman. Conserver ce costume en ne lui fournissant plus que du vent, de l'eau, du soleil et de l'herbe, et cela en trente ans si nous voulons tenir nos engagements climatiques, la physique nous dit que c'est un pari que nous sommes à peu près sûrs de perdre.

Quant au nucléaire, il est long à mettre en œuvre, car très capitalistique, et nécessitant des compétences pointues. Il a donc besoin d'un cadre stable pour se développer. Un cadre que, aujourd'hui, seuls des régimes autoritaires (Chine, Russie) savent garantir. Des pays démocratiques ont pourtant fourni un tel cadre du temps de la planification d'après guerre, puis à l'époque des chocs pétroliers des années 1970. Mais, pour l'heure en France, un (re)démarrage suffisamment rapide de la filière électronucléaire, pour permettre de compenser en totalité la sortie des combustibles fossiles sans demander d'autre effort, n'est pas envisageable.

Ce qui différencie la situation présente du passé, c'est donc la temporalité. « Avant », les ennuis étaient pour plus tard. Maintenant, ils sont pour tout de suite. C'est donc le calendrier qui va peut-être nous pousser enfin à agir. Constater que le dealer commence à manquer de marchandise, même si on y met toutes nos économies, et que la dégradation causée par la drogue devient bien visible, voilà peut-être le coup de pied au derrière qu'il nous faut.

Alors comment faire ? Nous n'avons jamais beaucoup réfléchi à la question, obnubilés par le « toujours plus », cette croissance engendrée par l'abondance de ressources et de machines, donc d'énergie. L'économie académique ne fournit à peu près aucun travail exploitable sur la gestion opérationnelle optimale d'une société en contraction énergétique. Le courant de la « décroissance » dispose certes de quelques théoriciens, mais personne qui se soit demandé combien d'ouvriers automobiles, de boulangers, d'éleveurs (avec combien de vaches par éleveur), ni combien d'employés de la Sécu il faut en pratique dans un monde où la puissance de nos auxiliaires mécaniques doit diminuer.

Les plans pour l'avenir proposés par les pouvoirs publics, ou par les agences qui en dépendent, ne sont pas d'un grand secours. Ils ont en effet évacué le problème avant même de l'avoir posé ! L'astuce pour cela s'appelle la « croissance verte », qui postule qu'il sera possible de découpler durablement l'économie des nuisances qui lui sont actuellement associées. Bienvenue dans un monde où la croissance économique est durable mais où sont réduites à zéro les émissions de gaz à effet de serre, la pollution, l'empreinte matière, l'empreinte au sol… Malheureusement, ce raisonnement postule un découplage qui n'est jamais advenu jusqu'à maintenant, et ce pour de très bonnes raisons : l'économie compte en euros un flux de transformation que le physicien ou l'ingénieur comptent en joules (ou en kilowattheure). Compter sur une expansion perpétuelle de l'économie « physique » pour régler les problèmes d'un monde en contraction, c'est par construction une impossibilité matérielle.

C'est là qu'arrive le pari un peu fou que nous avons souhaité relever au Shift Project, avec notre Plan de transformation de l'économie française (PTEF). Pari fou, ou pari sensé ? Deux points nous poussent à penser que ce travail pourrait trouver plus d'échos que ce qui a précédé.

Prenons le contexte pour commencer. Jusqu'à maintenant, les scientifiques du climat évoquaient des ennuis pour « plus tard ». Mais que pèse l'avenir lointain quand, à court terme, tout se passe bien ? Les ennuis n'arrivent qu'aux autres, nous le savons tous. Qui paierait une prime d'assurance contre les incendies chez lui si ce n'était pas obligatoire ? Or l'horizon temporel a changé : désormais, les ennuis ne sont pas pour plus tard, mais ils ont commencé tout de suite. Sécheresses ici, inondations là, bâtiments fissurés ici, migrations là, maladies endémiques ici, dépérissement des arbres ou mauvaises récoltes là, coraux qui meurent ici, ouragans jamais vus là…

Le pic de production du pétrole fait aussi partie de ces processus qui étaient « pour plus tard ». Mais pour le conventionnel c'était hier, et pour l'ensemble du pétrole pour maintenant. S'ensuit un degré de désarroi des économistes « classiques » qui ouvre la voie à ce que d'autres propositions concrètes puissent arriver sur la place publique.

Le deuxième point de différenciation est la conjonction de l'environnement et des propositions opérationnelles. Jusqu'à maintenant, les défenseurs de l'environnement se focalisaient souvent contre et non pour, et se limitaient souvent à une ou deux thématiques (l'énergie ou la pollution des rivières, par exemple). Mais avec le PTEF nous avons une ébauche de vision pouvant concerner tous les ministères, de l'Éducation nationale à la Défense, en passant par la Fonction publique et l'Agriculture.

La question que nous nous sommes posée peut être résumée ainsi : dès l'entrée en fonction du prochain gouvernement, que faut-il faire si le but du jeu consiste à mettre l'économie française en cohérence avec une baisse des émissions planétaires de 5 % par an, compatible avec nos engagements climatiques, tout en permettant à chacun(e) de trouver un emploi ?

On l'aura compris, ce programme ne peut parier uniquement sur des substitutions techniques. Il faudra aussi de la sobriété, c'est-à-dire en pratique moins de flux physiques (matière, énergie), et autant sinon davantage d'activités humaines.

Compte tenu de ce qui précède, notre plan n'est ni « croissantiste » ni « décroissantiste ». Il se situe sur un autre terrain. Il s'agit de savoir ce que nous souhaitons faire de nos heures éveillées, et comment nous devons optimiser ce que nous pouvons prélever dans l'environnement sans violer les limites planétaires, et sans nous jeter à pieds joints dans la fournaise.

Transformer tout ce que l'énergie abondante a façonné autour de nous en deux siècles ne va pas se faire en une semaine. Cela ne va même pas se faire en trente ans, contrairement aux promesses politiques, qui peuvent laisser penser l'inverse à celles et ceux qui n'ont guère pris le temps de creuser la question. La première étape est de se doter d'un plan de marche. Comme le randonneur qui part traverser la Corse, il faut certes avoir en tête l'objectif final,

mais aussi préciser chaque étape du parcours, inventorier l'équipement nécessaire, calculer le temps de marche quotidien...
Bien avant le bout du chemin, nous sommes convaincus que de nombreuses issues heureuses apparaîtront. Certaines sont déjà en train d'éclore, qu'il s'agisse de manières de produire, de consommer, de nous déplacer et de vivre, tout simplement.
C'est ce plan de marche visant à commencer demain la décarbonation effective de nos activités que nous avons essayé de construire avec le PTEF. Derrière les chapitres qui suivent, il y a l'apport de dizaines de collaborateurs en charge d'une pièce du puzzle, de centaines de contributeurs, et de milliers de relecteurs. Il a fallu en défricher, des sujets, pour commencer à avoir une vue d'ensemble !
Si ce plan parvient à faire un tant soit peu la différence dans les débats à venir, nous n'aurons pas perdu notre temps.
Il n'y a jamais très loin de l'optimisme à la naïveté, ou de l'entrepreneuriat à l'inconscience. Il n'est pas toujours facile de savoir à l'avance si une initiative tombera du bon ou du mauvais côté de la barrière. L'avenir dira si le travail que vous tenez entre vos mains relevait de l'initiative bienvenue, parce qu'il aura permis d'infléchir positivement le cours de l'histoire, ou s'il tenait de la naïveté la plus coupable, parce que nous aurons perdu notre temps à concevoir un dispositif sans portée. Pour l'heure, nous voulons croire que nous n'avons pas été terriblement mal inspirés en nous lançant dans cette aventure, et que le résultat vaut au moins le temps que nous lui avons consacré.

1

Cette génération peut sauver le monde

La crise du Covid nous a fait nous souvenir que les sociétés industrielles sont soumises à des contraintes matérielles. La plus profonde de ces contraintes tient au fait que 80 % de l'énergie consommée dans le monde provient des sources d'énergie fossiles : pétrole, charbon et gaz naturel. Cette contrainte est de double nature : émissions de gaz à effet de serre d'une part, caractère épuisable de ces sources d'énergie d'autre part.

Le changement climatique fait peser sur les sociétés humaines des risques d'une ampleur inouïe. Il existe un consensus scientifique sur la cause de ces bouleversements : le réchauffement de l'atmosphère qu'entraîne l'accroissement des émissions de gaz à effet de serre dues aux activités humaines.

Le gaz carbonique ou dioxyde de carbone (CO_2) est le principal gaz à effet de serre émis par nos activités. Les émissions de CO_2 sont causées principalement par la combustion des sources fossiles d'énergie. Brûler du pétrole, du gaz naturel ou du charbon permet de produire de la chaleur pour faire fondre du métal ou chauffer des habitations. Cette énergie peut aussi être convertie en électricité ou en puissance mécanique pour les voitures, les bateaux, les avions, les pelles mécaniques, et ainsi de suite. Nettement moindres en proportion, les émissions industrielles de CO_2 dites non énergétiques recouvrent en particulier la production de ciment et d'acier, ainsi que la chimie lourde. Il y a enfin les émissions liées au changement d'affectation des terres, entraînées notamment par la déforestation et l'artificialisation des sols.

L'océan ou la forêt ne suffisent pas à absorber le trop-plein de CO_2 que nous envoyons dans l'atmosphère. À peu près la moitié de ce que nous émettons reste dans l'air. La concentration ne cesse d'augmenter, accroissant l'effet de serre et donc le réchauffement.

Les autres émissions de gaz à effet de serre provenant des activités humaines sont avant tout le méthane (CH_4) et le protoxyde d'azote (N_2O). Les émissions de CH_4 sont surtout liées à l'extraction du gaz et du pétrole, ainsi qu'à l'agriculture (élevage, rizières). Celles de N_2O résultent avant tout de l'utilisation d'engrais.

L'atmosphère s'est réchauffée d'environ 1 °C depuis la fin du XIXe siècle. Les risques d'une poursuite du réchauffement décrits par le GIEC (le Groupe d'experts intergouvernemental sur l'évolution du climat) mettent en jeu l'accès d'une large partie de la population mondiale aux ressources vitales : l'eau et la nourriture. Déjà graves dans plusieurs parties du globe, les conséquences du réchauffement deviennent redoutables partout dès que la trajectoire de hausse des températures dépasse 1,5 °C d'ici la fin du siècle. Elles s'accentuent et se diversifient fortement si nous restons sur la trajectoire actuelle d'un réchauffement nettement supérieur à 2 °C d'ici 2100.

Les activités humaines ont émis dans l'atmosphère environ 2 400 milliards de tonnes (Gt) de CO_2 depuis 1850. La physique du climat montre qu'à partir de 3 300 Gt, un réchauffement de plus de 1,5 °C en 2100 devient pratiquement inévitable. Nous émettons près de 40 Gt par an : encore une vingtaine d'années à peu près à ce rythme, et notre « budget carbone » sera épuisé.

Voilà pourquoi, afin d'éviter un réchauffement de plus de 2 °C d'ici la fin du siècle, l'humanité doit dès maintenant réduire ses émissions de près de 5 % par an. Tel est le cap que fixent les accords internationaux signés à Paris en 2015.

Pour l'heure, encore aucune nation ne s'est organisée concrètement pour tenir ce cap.

C'est une telle organisation concrète que propose le Plan de transformation de l'économie française.

*

La nature tarissable des sources d'énergie fossile est la seconde excellente raison de nous organiser de toute urgence afin de nous passer d'elles.

L'Agence internationale de l'énergie signale que la production mondiale de pétrole conventionnel, qui fournit les quatre cinquièmes de la production totale de pétrole, a franchi en 2008 un pic absolu et décliné depuis[1]. L'Agence précise que ce déclin est inexorable, faute de réserves suffisantes. En 2018, elle a mis en garde contre un possible « resserrement de l'offre » à l'horizon 2025. Début 2021, la responsable de la stratégie du groupe pétrolier français Total a à son tour averti qu'en 2025, il risque de manquer un dixième de l'offre de brut pour répondre à la demande[2]. Les chocs pétroliers des années 1970, qui marquent la fin de l'expansion économique rapide des Trente Glorieuses, ont été déclenchés par des déficits bien moindres.

Le risque d'une contraction imminente des approvisionnements mondiaux de brut est réel. Il est particulièrement prégnant pour l'Union européenne, laquelle importe la quasi-totalité de son pétrole. Ce risque est décrit et quantifié par deux anciens responsables de l'ensemble de la production du groupe Total ainsi que par un ex-« Monsieur Pétrole » de l'AIE dans un rapport du Shift Project sorti en 2021, commandité par le ministère français des Armées[3]. Non anticipée, une contraction des approvisionnements en carburant liquide de l'Union européenne aurait certainement des conséquences sévères.

Pourtant, même l'amorce d'un tarissement des sources mondiales en pétrole ne suffirait pas à nous prémunir des conséquences du

1. Agence internationale de l'énergie, *World Energy Outlook 2010*, p. 6, *World Energy Outlook 2012*, p. 81, *World Energy Outlook 2018*, p. 142. En 2010, l'Agence internationale de l'énergie identifiait un pic du pétrole brut en 2006. Elle a rectifié en 2012, en fixant à 2008 la date du pic du pétrole brut conventionnel.

2. Matthieu Auzanneau, « Métaux critiques, charbon, gaz, pétrole : nous entrons dans les récifs », LeMonde.fr, 12 octobre 2021.

3. Olivier Rech, Marc Blaizot, Alain Lehner, *Approvisionnement pétrolier futur de l'Union européenne : état des réserves et perspectives de production des principaux pays fournisseurs*, The Shift Project, mai 2021.

réchauffement de l'atmosphère. D'abord, parce qu'un tel déclin se produira sans doute bien moins vite que le rythme de 5 % par an de réduction des émissions nécessaire pour se protéger de la catastrophe climatique. Ensuite, parce que le charbon et le gaz naturel resteraient des recours pour une humanité persistant dans son addiction aux sources fossiles d'énergie.

*

Plus nos sociétés resteront longtemps « accros » aux énergies fossiles, plus elles risqueront de se heurter soit aux impacts du réchauffement, soit à des crises de manque de brut… soit aux deux en même temps.

Autre élément important du diagnostic : si les énergies fossiles sont partout, c'est qu'elles étaient ce que nous avions de plus simple et d'efficace sous la main. *Toutes* les sources alternatives d'énergie sont techniquement plus délicates à déployer. Autrement dit : maintenir la consommation d'énergie d'un pays riche comme la France au même niveau qu'aujourd'hui est impossible.

Dernier élément : il est évident que la navigation pour nous dégager de la zone des récifs sera délicate et demeurera incertaine. C'est pourquoi le PTEF retient des hypothèses prudentes et insiste sur les zones méconnues et les « points durs ». Ce parti pris nous préserve entre autres de la plus répandue des illusions réconfortantes : non, la technologie ne nous sauvera pas ; en tout cas c'est certain, pas à elle seule.

La sortie des énergies fossiles est inexorable. Elle sera anticipée ou subie. La première nation qui ouvrira le passage marquera l'Histoire. Nous pouvons réussir, grâce à ce qui a fait la grandeur de ce pays : la raison et l'audace.

2

Objectif et méthode

Le Shift Project milite pour la décarbonation de l'économie depuis sa création en 2010. Nous constatons que tous les acteurs ont un rôle à jouer dans cette profonde transformation : citoyens, travailleurs et consommateurs, entreprises, puissance publique, investisseurs.

Chaque corps social doit apporter sa contribution à l'intelligence et à l'effort nécessaires. Et il doit le faire en tenant compte de la trajectoire des autres, en coordination, parce que l'ensemble fait système, autrement dit société. La transition vers les nouveaux modèles économiques n'interviendra que si tous ces acteurs se mettent en marche simultanément. Qu'un seul engrenage se grippe, et tout le système resterait bloqué.

Cette mise en action de tous les acteurs en même temps suppose l'existence d'une direction commune qui puisse être comprise par tous, malgré des prismes et des intérêts à agir bien différents.

Penser la transition vers un monde décarboné, c'est revenir à un exercice presque oublié par nos sociétés : il faut raisonner avec des ressources naturelles contraintes (matériaux et énergie), et avec des échéances courtes imposées. Cette transition doit être largement accomplie d'ici une génération. Les toutes prochaines années sont évidemment décisives.

À l'échelle d'un pays comme la France, l'optimisation sous contrainte d'un effort collectif pour passer un cap existentiel, cela porte un nom : la planification.

Cette idée qu'« il nous faut un plan » a trouvé rapidement un fort soutien. De plus en plus de représentants du monde économique le réclament, alors qu'hier encore, beaucoup étaient réservés sur ce qui pouvait sembler être une entrave à la liberté d'entreprendre. Grâce soit aussi rendue aux milliers de donateurs ayant contribué à la levée de fonds qui a permis de mener l'étude dont le présent ouvrage constitue la synthèse.

Le Plan de transformation de l'économie française (PTEF) est fondé sur l'analyse des stocks et des flux physiques de matière et d'énergie. Le Shift Project a toujours fondé ses travaux sur cette approche. C'est un socle irremplaçable pour toute analyse prospective, car la rareté, qui dessine la frontière entre le possible et l'irréalisable, est de nature physique avant tout.

*

Le PTEF propose une description selon quinze secteurs ou axes essentiels : les grands usages et les processus productifs sont analysés puis « transformés » à l'échéance 2050, pour offrir au total une image cohérente d'une économie bas carbone.

Considérés à travers leurs flux physiques, les secteurs du PTEF apparaissent liés entre eux au sein d'un réseau de flux d'énergie et de matière interdépendants. Le PTEF vérifie la cohérence interne de ce réseau, et permet ainsi un recensement des besoins physiques de la future économie bas carbone. Il propose un « bouclage », c'est-à-dire une façon de répondre à ces besoins de la manière la moins carbonée possible.

Par principe méthodologique et nécessité d'embarquer tous les citoyens dans un imaginaire commun, le PTEF offre également une vision cohérente de la « ressource humaine » dans l'économie bas carbone. Les monographies sectorielles analysent les effets de la transition sur les volumes d'emplois, ainsi que sur les compétences et les connaissances requises.

Les secteurs dans lesquels l'emploi devrait être le plus impacté au cours de la transformation, en négatif ou en positif, font l'objet d'une quantification détaillée. Pour les autres secteurs, des tendances sont décrites. (Au sommaire, le chapitre dédié à l'emploi est disposé entre ces deux catégories de secteurs.)

Le PTEF parle de tonnes, de watts, de personnes et de compétences. Mais il parle peu d'argent, et jamais comme d'une donnée d'entrée du problème posé : face à ce problème, l'épargne et la monnaie ne sont pas les facteurs limitants les plus sérieux. Encore moins lorsqu'il s'agit de l'avenir de nos enfants, et des leurs.

Pour chaque secteur, le PTEF fournit un jeu de données à l'échéance 2050 comprenant les quantités d'énergie utilisées et les nombres et types d'emplois.

Le « rebouclage » général du modèle assez simple qui est utilisé pour assembler entre elles toutes les parties du PTEF permet de vérifier que chacun des besoins définis (de matière, d'énergie, de personnes et de compétences) peut être compatible avec les ressources disponibles, et qu'il ne risque pas d'y avoir de conflits d'usage entre ces différents besoins. En un mot, ce rebouclage permet de s'assurer que notre plan tient debout.

*

Pour être cohérent avec la vision à terme, il faut que la politique de réduction des émissions s'enclenche aujourd'hui de façon sincère et crédible. Le PTEF propose secteur par secteur les dispositions immédiates, souvent contraignantes, qu'il faut prendre dans les cinq prochaines années pour enclencher une réduction rapide des émissions, au bon rythme.

Ces propositions opérationnelles de court terme se situent dans le champ du possible du point de vue réglementaire au niveau national, s'appuient sur des technologies ou des usages existants, visent souvent à une forme de sobriété mais ne prétendent faire renoncer les citoyens à aucun des usages, libertés ou opportunités fondamentales dont ils jouissent aujourd'hui en France.

Avec le PTEF, le Shift Project revendique des propositions compatibles avec l'objectif de réduction des émissions, réalistes techniquement, et acceptables politiquement.

Les travaux du PTEF ont été menés avec une équipe composée de salariés, une quinzaine d'experts bénévoles ou recrutés pour la durée de l'étude, ainsi qu'avec la collaboration de centaines de bénévoles professionnels des secteurs concernés.

Le travail collectif par secteur a permis des allers et retours fructueux entre la vision globale d'une part, et d'autre part l'analyse de terrain issue d'échanges avec les professionnels des secteurs. Le niveau d'ambition des mesures à prendre a été bien souvent rehaussé par ces professionnels, qui savent distinguer dans leurs activités respectives les efforts possibles.

Cette collaboration a été notamment indispensable pour traiter le volet emploi et compétences du PTEF.

La présente synthèse ainsi que les centaines de pages de l'ensemble des rapports sectoriels sur lesquelles elle repose recèlent toute la valeur de ces interactions. Nous proposons une source d'idées documentées et chiffrées, déjà débattues avec des femmes et des hommes qui connaissent leur métier.

La plupart des analyses sectorielles ont fait l'objet de publications intermédiaires ayant donné lieu à des présentations publiques et à des relectures critiques, lesquelles ont suscité des questions et parfois des controverses. Là encore, la contribution de professionnels de chaque secteur concerné a été précieuse au réalisme des résultats finaux ici résumés.

*

Les rapports du PTEF dont ce livre est la synthèse sont disponibles sur le site Internet http://ilnousfautunplan.fr.

Un résultat d'analyse dont la source n'est pas spécifiée ici est dû au Shift Project. Lorsque la source d'une donnée n'est pas indiquée, elle peut être retrouvée dans nos rapports.

Le présent ouvrage reflète l'état d'avancement de nos travaux début 2022. Le PTEF est un objet évolutif qui a vocation à être amélioré au fil d'une conversation démocratique que nous espérons intense.

3

Plan de navigation

Nous proposons un plan pour préparer la France à une grande traversée. La destination, à atteindre en 2050 : un pays indépendant des énergies fossiles, résilient face aux crises climatiques et à des problèmes d'approvisionnement sur différentes ressources.

Nous proposons de suivre trois consignes pour assurer notre agilité et notre confort face à ces imprévus, tout en maintenant notre cap.

1. **Réduire drastiquement la consommation d'énergie fossile de la France**, afin bien sûr de respecter nos engagements climatiques. Mais pas seulement. Dans un monde qui ne sortirait pas rapidement des énergies fossiles, les conflits d'approvisionnement vont mener à des chocs. Le risque est élevé pour l'Europe avant la fin du prochain mandat, car notre seule source significative d'hydrocarbures, la mer du Nord, s'épuise.

2. **Limiter notre consommation de matériaux.** Cela nous aidera à naviguer, parfois à vue, dans un monde en transition rapide qui quitterait les énergies fossiles pour des systèmes électriques (de la production aux équipements de consommation, en passant par le stockage et transport) trop voraces en minerais et en matériaux convoités par tous et tout le temps.

3. **Limiter notre consommation de biomasse.** Les ressources biologiques sont déjà soumises à d'intenses pressions (artificialisation, érosion des sols, pollutions). La pression risque de s'accroître considérablement, si ces ressources se trouvent confrontées au dérèglement du climat, et si en outre chacun mise sur elles pour remplacer une partie des énergies fossiles. Ne pas trop attendre de la biomasse comme source d'énergie sur le chemin de la transition permettra de limiter les risques de dégrader la biodiversité et nos

paysages, tout en évitant de nourrir toutes sortes de tensions sur une ressource fragile.

Le présent ouvrage propose une ébauche de plan opérationnel pour les cinq ans qui viennent, afin de placer la France sur un chemin d'une transformation à accomplir en une génération – d'ici 2050. Tâchons ici de décrire la destination que vise le PTEF en un tableau d'ensemble.

Des usages à leurs conséquences, en passant par notre système technique

Notre économie est structurée par les flux d'énergie qui la traversent. Une chaîne énergétique relie nos habitudes requérant de l'énergie à la production de cette énergie, en passant par les diverses machines qui la convertissent. La transformation de l'économie peut être décrite par la transformation de cette chaîne énergétique et par les conséquences qui en découlent sur les consommations de ressources ou les divers rejets polluants.

Pour la plupart, nous voulons nous protéger du froid et du chaud, nous nourrir, rester en bonne santé, avoir une vie sociale, accéder à des activités plaisantes ou utiles (travailler, rendre visite à la famille et aux amis, avoir des loisirs, faire des courses, etc.). Et nous cherchons à disposer d'objets et d'équipements qui facilitent la satisfaction de tous ces besoins (aliments, bâtiments, moyens de transport, mobilier, vêtements, moyens de communication, etc.).

L'environnement construit. Ces besoins se traduisent par une demande en services énergétiques (et pas juste en énergie, la distinction est importante, comme nous allons le préciser). Cette demande dépend du contexte physique dans lequel les besoins s'expriment. Par exemple, le trajet pour aller voir un oncle dépend du cadre dans lequel on vit : dans un village d'il y a cent ans, le frère ou l'oncle habitaient généralement tout près de chez soi ; dans une zone périurbaine actuelle, il y a plus de chances qu'il habite dans la ville d'à côté voire plus loin. Pour se nourrir, celui qui vit au centre d'une grande ville aura accès à une multitude de commerces de proximité (mais qui s'approvisionnent « loin », puisque les cultures et leur transformation sont ailleurs), tandis qu'une personne qui habite à la campagne ou en très grande banlieue devra parcourir plusieurs kilomètres pour aller faire ses courses, constituées pour partie de produits alimentaires qui pourront avoir été produits « plus près ». Pour avoir chaud, l'habitant d'un logement bien isolé et bien exposé n'aura pas à mobiliser autant d'énergie que celui qui vit dans une « passoire énergétique ».

Dans le PTEF, d'ici 2050, l'urbanisme évoluera afin de favoriser les distances de déplacement courtes, pour aller au travail, à l'école, faire les courses, etc. Les logements seront massivement isolés. Les chaînes logistiques s'organiseront pour réduire les distances parcourues par les marchandises.

Le panel de technologies disponibles. Il faut mobiliser de l'énergie pour fournir un service énergétique. Mais bien sûr, pas n'importe comment : on ne fait pas exploser une bonbonne de gaz pour se chauffer, et on ne met pas les doigts dans la prise pour s'éclairer.

Le rôle des machines est de convertir l'énergie en un service (énergétique). Les différents modes de transport nous permettent de nous déplacer ; les différents systèmes de chauffage, de nous chauffer ; les différentes techniques agricoles, de produire des végétaux ou des animaux.

Le panel de technologies auquel nous avons accès joue sur la quantité, et sur le type d'énergie que nous allons utiliser pour obtenir un service. Pour parcourir 1 kilomètre, un vélo à assistance électrique consomme 50 à 100 fois moins d'électricité qu'une voiture diesel ne consomme de diesel.

Ce panel accessible demain dépendra des choix d'infrastructures faits aujourd'hui par la puissance publique, de l'offre de technologies que saura produire l'industrie, de la disponibilité ou non des

diverses sources d'énergie, et enfin des choix des consommateurs. D'un panel à l'autre, des usages différents sont permis.
D'ici 2050 dans le PTEF, afin de se déplacer (ou d'éviter d'avoir à le faire), le numérique sera disponible pour télétravailler ou faire de la visioconférence. La voiture sera de plus en plus électrique, et elle ne sera plus reine, car chacun aura accès à d'autres modes, que la puissance publique encouragera : les vélos (avec ou sans assistance électrique) et les pistes qui vont avec, les microvoitures, les transports en commun, voire « à la demande » (forme de taxi en complément des voyages en train pour éviter de prendre la voiture sur la longue distance), le covoiturage. L'avion sera de plus en plus remplacé par le train pour parcourir l'Europe. Nos marchandises passeront par le fluvial et par le train, ou alors par camion électrique (plusieurs technologies sont envisageables, seules ou en combinaison). Pour se chauffer, les pompes à chaleur – alimentées par de l'électricité bas carbone – deviendront dominantes. Pour produire notre alimentation, les pratiques agroécologiques se développent (le bio est une des modalités possibles). Dans l'industrie, les procédés se transforment pour s'électrifier et réduire leurs émissions de gaz à effet de serre (GES), au sein d'une production qui baissera en volume.

Comment on utilise les machines. Les machines peuvent remplir plus ou moins de services, ou être plus ou moins… remplies : une voiture peut transporter jusqu'à cinq personnes (voire plus), une machine à laver être plus ou moins pleine, un chauffage ou une ampoule peuvent chauffer ou éclairer plus ou moins de personnes. La manière dont on utilise les machines joue sur leur efficacité : une voiture qui roule avec à-coups et en surrégime consomme plus que lorsqu'elle est conduite avec sérénité et anticipation.
Dans le PTEF en 2050, le covoiturage est favorisé, le remplissage des avions est amélioré, des pratiques de mutualisation et d'optimisation assurent un meilleur chargement des camions. Les chauffeurs de véhicules routiers sont tous formés à l'écoconduite.

Les objets qu'on utilise. Les machines sont plus ou moins efficaces pour rendre leur service : les anciennes ampoules à incandescence transformaient l'essentiel de l'électricité en chaleur plutôt qu'en lumière, tandis que les ampoules récentes sont bien plus efficaces. Une petite voiture aérodynamique et légère transporte quelques dizaines de kilos d'humains tout aussi bien qu'un Hummer.

D'autre part, les objets et équipements que nous utilisons sont plus ou moins consommateurs de matières premières pour un même service rendu, parce qu'ils sont plus ou moins gros (le Hummer ou la citadine), parce qu'ils ont une durée de vie plus ou moins longue (le portable qui dure deux ans et celui qui en dure cinq ou plus), et parce qu'ils sont issus de matériaux plus ou moins recyclés (ce qui est très lié à la complexité des objets). En outre, cette consommation de matières premières cache la consommation d'énergie qui a été nécessaire pour extraire les matériaux et les purifier, puis les transformer et les transporter, jusqu'à l'achat de l'objet fini.

Dans le PTEF en 2050, les voitures sont plus légères et aérodynamiques, moins puissantes ; les objets deviennent progressivement moins complexes et donc les matériaux sont davantage recyclés ; les équipements domestiques sont plus efficaces tout en ayant une durée de vie allongée.

Les ruptures technologiques. La « simple » apparition d'une nouvelle technologie (par exemple un avion à hydrogène ou une pompe à chaleur plus efficace) ne change pas nécessairement les ordres de grandeur sur les volumes d'énergie et de matière que nous consommons. C'est le déploiement massif de cette nouvelle technologie qui compte. Pour avoir un effet significatif, une nouvelle technologie doit passer par les étapes de la recherche fondamentale, de la conception commerciale et des tests, de la mise sur le marché. Puis, étape décisive, elle doit pouvoir être largement diffusée, ce qui demande... de l'énergie de fabrication. Les technologies qui peuvent changer la donne énergétique et matérielle d'ici 2050 sont déjà « dans les tuyaux ».

Le PTEF ne mise pas sur la diffusion massive demain d'une technologie que les spécialistes jugent peu mature aujourd'hui. Nous devons être capables de naviguer dans un monde sans nouveautés techniques décisives. Si nous en sommes capables, alors il sera d'autant plus facile de naviguer dans un monde (magique ?) qui verrait se diffuser rapidement une rupture technologique bienvenue. Le PTEF propose par exemple de développer l'avion à hydrogène, mais dont l'arrivée se produit vers 2040, permettant d'alléger un peu, pour les vols les moins longs, les contraintes pesant sur le transport aérien. Cela serait là déjà l'accomplissement d'un pari technologique encore incertain, qui ne dispense pas par ailleurs de gros efforts de sobriété et d'une baisse du trafic.

... Et nos usages ? Nos modes de vie et de consommation évoluent constamment, modifiant les besoins techniques qui y sont associés. Aujourd'hui dans bien des cas (on peut penser par exemple au numérique), ces évolutions entraînent un accroissement considérable des besoins en énergie et en matière. Les évolutions souhaitables, nécessaires ou au contraire néfastes, en particulier au regard des objectifs environnementaux, doivent faire l'objet de débats transparents et associant tout le monde, et doivent être mises sur la table concrètement et sans ambiguïté, avec les adaptations possibles et aussi les bénéfices et les problèmes associés.

Dans le PTEF en 2050, la fréquence des voyages lointains est réduite, au profit de séjours plus proches ou durant plus longtemps : on voyage toujours, mais différemment. Cette évolution est nécessaire pour réduire suffisamment notre consommation de pétrole, sans accroître de façon déraisonnable et impraticable le recours à la biomasse ou bien aux matériaux associés à la production électrique nécessaire à la synthèse des carburants des avions. On mange de la viande rouge deux fois moins souvent, ce qui ne fera pas de mal à la santé, et pourrait se révéler profitable pour les éleveurs. C'est indispensable afin de réduire les émissions massives de GES induites par la digestion des ruminants, et par les activités agricoles nécessaires pour nourrir le bétail.

Les transformations proposées par le PTEF agissent sur l'ensemble de la chaîne énergétique, et mènent à des réductions de consommation d'énergie finale, montrées ici par secteur et par forme d'énergie.

La production des objets et de l'énergie finale. L'industrie (extractive, lourde, manufacturière, énergétique) répond à nos besoins. L'industrie énergétique doit y répondre tout en limitant sa consommation de biomasse, de matériaux, et son emprise au sol ; le reste de l'industrie en limitant sa consommation de matériaux de toute nature.

Dans le PTEF en 2050, la plupart des industries lourdes et manufacturières produisent moins car la demande intérieure baisse ; certaines, comme l'industrie des engrais, sont relocalisées ; une industrie

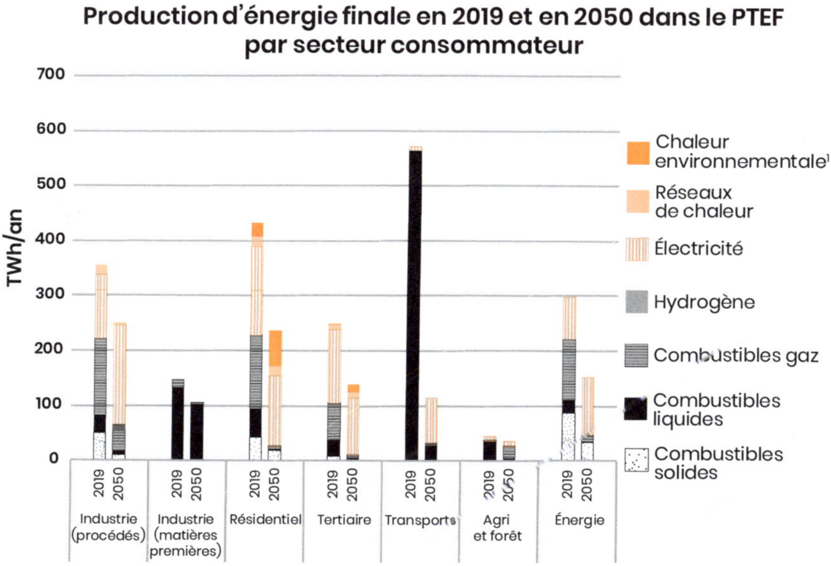

1. Tirée des pompes à chaleur.

du recyclage est déployée (ce qui, à nouveau, suppose de faire des objets simples, sinon le recyclage est délicat ou impossible) ; l'industrie de la biomasse se développe mais reste limitée ; un nouveau programme électronucléaire – visant la 4e génération – se lance ; les renouvelables électriques sont développés dans une limite raisonnable de consommation de matériaux ; les renouvelables chaleur (solaire thermique, géothermie…) aussi.

Une amélioration de notre résilience

Par la sobriété, le PTEF ralentit les flux physiques qui irriguent notre économie. Le débit annuel d'acier nécessaire à la production des véhicules qui assurent nos déplacements est réduit. La fréquence des repas contenant de la viande se réduit, évitant à la fois les émissions du métabolisme bovin et une pression agricole à l'amont pour nourrir le bétail. Les vols en avion sont moins fréquents ou moins lointains, ralentissant l'extraction de carbone fossile.

Par l'efficacité du panel de machines auquel on a accès et de la manière dont on les utilise, les débits d'énergie annuels se réduisent. Moins d'énergie pour se rendre quelque part, moins d'énergie pour chauffer le même volume de logement.

L'électrification permet quant à elle d'extraire l'énergie de l'environnement par des techniques connues et moins invasives que la production de carburants ou de gaz non fossiles. Le nucléaire complété par des renouvelables électriques évite la surexploitation de surfaces pour la production d'agrocarburants. La sobriété et l'efficacité assurent que la taille du système électrique n'explose pas. Ainsi, en 2050, notre dépendance aux énergies fossiles est réduite de plus de 90 %. Nos émissions de gaz à effet de serre, de 80 %. La consommation de biomasse pour l'énergie est limitée aux résidus agricoles ou de bois et ne prend pas plus d'espace au sol qu'aujourd'hui. Le système électrique que le PTEF propose n'immobilisera pas plus de quelques millièmes de la surface de la France, c'est-à-dire dix fois moins que le réseau routier.

La consommation en différents matériaux du PTEF n'est pas quantifiée. Des risques d'approvisionnement existeront sur les matériaux qui pourront composer les batteries (par exemple le cobalt), ainsi que sur le cuivre, omniprésent dans les systèmes électriques[1]. Notre vigilance doit être particulière pour ces matériaux, car le PTEF prévoit qu'une bonne part des vélos ainsi que tous les véhicules à quatre roues et plus seront électriques et équipés de batteries. Il s'agira de réagir vite si jamais le risque se précise.

Veut-on vraiment viser cette destination ?

Ces transformations sont-elles acceptables ? Cela dépendra de la perception que chacun s'en fait. La philosophie du PTEF est d'assurer les points essentiels de nos modes de vie, tout en atteignant nos objectifs de bonne navigation en eaux incertaines et redoutables : pouvoir se nourrir de manière saine, accéder aux activités qui nous plaisent, être en bonne santé, ou encore disposer d'objets et d'équipements qui nous rendent réellement service.

Mais chacun jugera de ce qui est essentiel ou non pour lui, et pourra en discuter autour de lui. Le PTEF fait un ensemble de propositions et décrit de manière explicite ce qui en découle en 2050 pour la vie de tous les jours, en termes de modes de vie et de travail. C'est cette description concrète qui permet de discuter et de juger, cartes sur table.

1. Voir l'analyse environnementale de 2021 par RTE : *Futurs énergétiques 2050.*

Naviguer avec prudence

Ce plan a pour vocation de décrire un début de chemin praticable, cohérent avec l'objectif de sortie des énergies fossiles en une génération. Son but n'est surtout pas d'offrir l'illusion réconfortante d'une transformation réussie d'avance, d'un programme « clés en main ». Nous attirons aussi l'attention sur les **zones méconnues** et les « **points durs** ».

La destination à l'horizon 2050 que nous décrivons **respecte l'objectif national de baisse des émissions de gaz à effet de serre**. Mais elle n'est **pas « neutre en carbone »** : à nos yeux, l'évolution de l'agriculture, des forêts et des espaces naturels risque de ne pas être suffisante pour à la fois compenser nos émissions et fournir suffisamment d'énergie et de matériaux.

Nous divergeons en cela des scénarios français de référence, pour lesquels les sols et la biomasse permettront de stocker assez de carbone tout en fournissant de très grandes quantités de biogaz ou de bois. Nous avons jugé prudent de ne pas aller aussi loin, en considérant que le volume des puits de carbone français sera en 2050 identique au niveau actuel estimé, et que l'énergie fournie par l'agriculture et la forêt restera contrainte.

En effet, diverses études soulignent d'une part que le **stockage de carbone** par les prairies et les champs risque de n'être que **temporaire** (ces puits de carbone pourraient être pleins dans seulement trente ans), et que d'autre part le niveau total de stockage restera **incertain et fragile** (l'évolution du climat peut abîmer des puits). En outre, dans bien des cas, la production d'agrocarburants risque d'entrer en **conflit d'usage des sols** avec notre alimentation, la production de bois matériau ou la sauvegarde de la biodiversité, prioritaires à nos yeux. Le changement climatique peut dégrader les rendements agricoles et exacerber ces conflits : il faut « prendre de la marge » pour les usages prioritaires. Par ailleurs, le débat sur l'**impact agroécologique de la méthanisation** n'est pas encore tranché : subsiste le danger que cette pratique se révèle nuisible à la fertilité des sols, *a fortiori* si, comme la France l'envisage, elle est déployée massivement.

Dans la même logique, il nous semble prudent de **ne pas compter sur une disponibilité sans limites de capacités de production d'électricité**.

Enfin, le PTEF propose la (re)localisation en France de certaines activités émissives, comme la production d'engrais ou de batteries, afin de réduire **notre empreinte carbone**. Mais une part conséquente de cette empreinte, notamment celle due à l'extraction de matériaux, restera à l'extérieur de nos frontières. Il faudra donc aller

Émissions de GES du PTEF par secteur

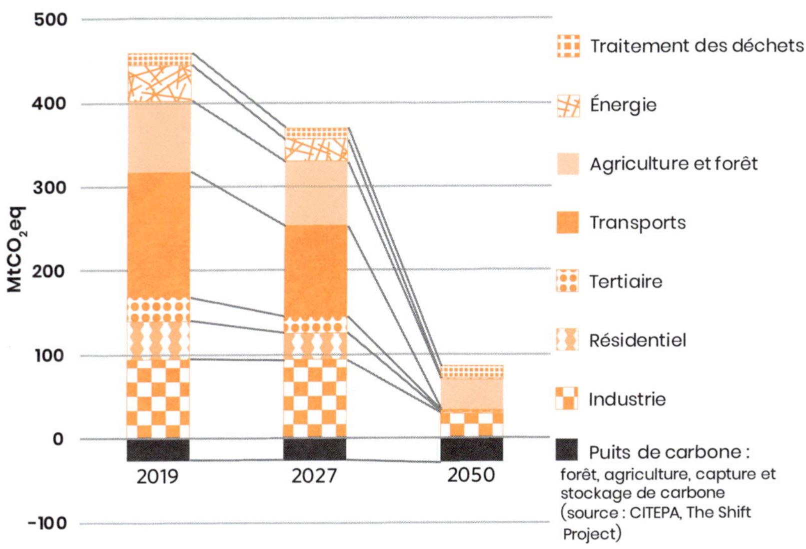

En 2050, les émissions de gaz à effet de serre (GES) sont d'environ 85 millions de tonnes (Mt) d'équivalent CO_2 pour le territoire français. Le PTEF n'atteint pas la neutralité carbone. Nous n'avons pas envisagé d'évolution significative de la quantité de CO_2 absorbée par les « puits de carbone » que constituent la forêt et l'agriculture. Nous intégrons en outre une quantité limitée de séquestration de CO_2 par l'industrie (4 Mt en 2050, voir : « 5. L'industrie »).

La Stratégie nationale bas carbone développée par le gouvernement retient une hypothèse de puits de carbone (forêt, agriculture et séquestration industrielle) nettement plus importants que dans le PTEF, atteignant 82 Mt d'équivalent CO_2 en 2050. Un montant quasiment égal aux émissions du PTEF en 2050, mais qui nous semble incertain à plusieurs égards.

plus loin que la destination proposée par le PTEF, en incluant non seulement nos émissions directes, mais également notre empreinte globale.

La ligne de crête est étroite. Sobriété, efficacité organisationnelle, déploiement des infrastructures permettant l'évolution des comportements, production et diffusion d'équipements sobres et efficaces, isolation massive des bâtiments, déploiement d'une industrie de l'après-première-vie, électrification de nos usages et de l'industrie, relocalisations ciblées, transformation de l'industrie de l'énergie : tels sont les nombreux travaux que nous devrons accomplir.

Ce plan a été conçu pour tenir à distance les contraintes et les incertitudes que nous identifions aujourd'hui. Mais il y aura bien sûr, chemin faisant, des changements de cap inattendus : il faudra sans cesse manœuvrer…

Départ imminent.

Préparer les instruments adéquats, et prendre le bon départ

Le PTEF propose trois grands axes stratégiques d'action pour lancer la transformation de l'économie lors du prochain quinquennat.

Mettre en place la gouvernance de la transition. Chacun des secteurs du PTEF connaît une transformation rapide qui débute dès 2022. Des structures de gouvernance dédiées aux transformations sectorielles devront être mises en place. Le PTEF en propose par exemple pour les secteurs du tourisme et du fret.

Une gouvernance multisectorielle devra assurer la bonne coordination de l'ensemble des secteurs. Leur rythme de transformation est différent ; ils sont soumis à des incertitudes de nature différente. Par conséquent, il est crucial de les faire dialoguer et interagir entre eux profondément et intensément tout au long de la transformation.

Cette gouvernance d'ensemble assurera la préparation de plans multisectoriels quinquennaux et le suivi d'indicateurs à la fois sectoriels et généraux : la résilience face aux chocs d'approvisionnement, la sortie des fossiles et l'adaptation au changement climatique. L'emploi, les flux physiques et les modes de vie seront au cœur de ces plans. La finance occupera le rôle utile mais subsidiaire qui est légitimement le sien : elle sera mise au service de la transformation. La structure de gouvernance s'appuiera sur des consultations citoyennes d'une ambition comparable à celle de la Convention citoyenne pour le climat, ayant un pouvoir d'influence réel dans la construction des plans quinquennaux.

Programmer et initier les actions structurantes de long terme. Tous les secteurs vont devoir déployer des transformations profondes qui vont mettre du temps à se matérialiser (infrastructures, urbanisme, transformation massive des parcs d'équipement, montée en compétence de main-d'œuvre, structuration de tissus industriels...). Il faut programmer et initier l'ensemble de ces grands travaux dès le prochain quinquennat, même si leurs effets démultiplicateurs se feront sentir plus tard.

Organiser les incitations pour les acteurs

Les incitations, obligations et aides destinées aux ménages doivent être planifiées et mises en place au fur et à mesure des transformations structurantes qui permettent les changements de comportement. Certaines peuvent l'être dès maintenant : reports modaux vers le train, vers les cycles dans les centres urbains déjà équipés de réseau cyclable, rénovation globale des logements, achat de petites voitures électriques.

Les citoyens, en plus de leur implication dans la construction des plans quinquennaux, doivent bénéficier d'un maximum de visibilité sur les transformations à venir, pour s'y préparer. Le premier service public à rendre à chaque acteur de la transformation consiste à lui donner accès à la connaissance qui lui permettra de choisir sa trajectoire personnelle.

Des structures d'accompagnement des acteurs économiques doivent être créées dans les différents secteurs. Les entreprises doivent être accompagnées pour s'adapter aux réglementations auxquelles elles devront faire face, contrôlées pour que la puissance publique s'assure du bon respect des réglementations, voire aidées en fonction des situations particulières. Des réglementations et incitations peuvent être prises rapidement : reports modaux vers le fer et le fleuve pour le fret, démarrage de la production de voitures électriques sobres et de vélos à assistance électrique, montée en compétence dans la rénovation globale des bâtiments…

À quelle vitesse démarrera-t-on ?

Si ces outils sont mis en place et que le départ est pris dès le prochain quinquennat, on peut espérer une réduction des émissions de GES dès les cinq prochaines années de plus de 4 % par an. Ce rythme devra augmenter dans les années qui suivent. L'accélération initiale n'est pas sans limites, à cause des inerties physiques et organisationnelles de notre économie : inertie des parcs d'équipement (voitures, frigos…), inertie de la mise en place de tissus sectoriels (rénovation du bâtiment, transformation des pratiques agricoles…), inertie de la mise en place d'infrastructures diffuses (pistes cyclables ou autoroutes électriques), inertie de l'urbanisme. Une fois ces composantes mises en route, la transformation pourra atteindre son plein régime.

4

L’énergie

L'énergie irrigue notre économie et nos modes de vie. Elle est partout, grâce à un ensemble de machines qui nous permettent de l'utiliser. Elle permet de propulser notre voiture ou le train qui nous amène au travail, de réchauffer notre repas, de prendre une douche bien chaude, ou de recharger notre portable. Cela, chacun de nous le sait. Mais on oublie souvent que l'énergie est aussi présente derrière chaque vêtement, appareil, meuble, véhicule, bâtiment, route ou pont autour de nous. Tout cela a été produit dans des usines ou sur des chantiers qui sont en fait des ensembles de machines fonctionnant avec de l'énergie. Chaque objet est constitué de matières premières qui ont été extraites de notre environnement grâce à des machines mues par de l'énergie, et tous ont été transportés dans des véhicules réclamant eux aussi de l'énergie.

L'énergie que toutes ces machines consomment peut prendre différentes formes. Elle peut être liquide (comme l'essence ou le diesel), gazeuse, solide (comme le charbon ou le bois de chauffage), ou encore sous forme d'électricité ou de chaleur. Cette énergie dite « finale » doit être produite à partir d'énergie « primaire », elle-même extraite de notre environnement sous forme brute : par exemple le pétrole brut, le minerai d'uranium, mais aussi le vent, le rayonnement solaire, l'arbre sur pied ou l'eau que le soleil a gratuitement montée en haut des montagnes. Dans le monde de l'énergie, rien ne se crée, rien ne se perd, tout se transforme. Pour passer de l'énergie primaire à l'énergie finale, il faut la purifier et la mettre sous la forme adéquate, puis l'acheminer jusqu'aux machines qui vont la consommer : tels sont les rôles du « système énergétique ».

La transformation du système énergétique doit être planifiée longtemps à l'avance

Le système énergétique est constitué d'un ensemble d'infrastructures plus ou moins importantes.

On en croise certaines tous les jours, comme les poteaux et les fils électriques ou les stations-service. Et on pourrait y inclure les voies ferrées, les voies navigables et les routes, qui permettent l'acheminement du bois, du pétrole ou du charbon. D'autres infrastructures sont un peu moins omniprésentes : les champs d'éoliennes, de panneaux photovoltaïques, ou les lignes à haute tension. Certaines sont beaucoup plus rares car très localisées : les raffineries, les terminaux gaziers ou pétroliers, les grandes centrales électriques, les barrages hydroélectriques, les centres de stockage de produits pétroliers. D'autres encore sont discrètes, voire souterraines, comme les tuyaux transportant le gaz ou le pétrole, ou les sites de stockage du gaz.

L'un de leurs points communs : toutes ont des durées de vie longues, voire très longues, de vingt à trente ans pour les éoliennes ou les panneaux photovoltaïques, de quarante à cent ans pour les plus grosses installations de production électrique, un siècle pour une raffinerie, ou encore plus de soixante-quinze ans pour les grands réseaux électriques, pétroliers ou gaziers (dont on peut changer les équipements sans que la structure d'ensemble ne change).

Transformer en profondeur le système énergétique ne se fait pas en un claquement de doigts, notamment pour des raisons physiques et organisationnelles (temps de construction, durée de mise en place du tissu industriel nécessaire), ou réglementaires. Ainsi, en France, il s'écoule de sept à neuf ans entre la décision d'installer un parc d'éoliennes et son entrée en fonctionnement. La filière électronucléaire française estime qu'entre la décision de lancer un programme de construction de centrales et le démarrage d'un nouveau réacteur, il faudrait une quinzaine d'années, en tenant compte des temps d'étude, d'autorisation, de préparation du site, d'approvisionnement, de génie civil, de travaux électromécaniques et d'essais avant la mise en service. Autre exemple : le projet de raffinerie Satorp de Total en Arabie saoudite a mis huit ans à se concrétiser.

L'approvisionnement en carburants liquides et gazeux non fossiles sera vraisemblablement très limité

Le Plan de transformation de l'économie française (PTEF) propose de grands changements dans l'ensemble des secteurs de l'économie. Ces propositions découlent d'un constat : produire massivement de l'énergie liquide ou gazeuse non fossile suppose des bouleversements très forts pour notre environnement immédiat. C'est pourquoi il faudra se passer au maximum de ces formes d'énergie. Le sujet du charbon est secondaire pour la France, sa part dans notre consommation énergétique étant déjà marginale.

En théorie, nos consommations de gaz et de pétrole pourraient être remplacées par de la biomasse transformée, c'est-à-dire des produits et résidus agricoles ou issus du bois, ou encore de déchets organiques. Les gisements de ces énergies sont limités par la surface arable et forestière disponible, et sont en concurrence avec des usages de nos terres qui apparaissent plus vitaux : se nourrir, produire des objets utiles et préserver des espaces naturels. Si l'on voulait répondre à 100 % de nos besoins actuels par la biomasse, il faudrait y dédier des plantations sur une surface supérieure à 100 % de la surface arable et forestière française ! Et ce même en supposant le déploiement massif de la production de biocarburants dits de « 2e génération », production encore balbutiante permettant de meilleurs rendements à l'hectare que les techniques actuelles.

Autre option : les technologies de synthèse à partir d'électricité de carburants gazeux (*power to gas*) ou liquides (*power to liquids*). Le rendement de leur production à partir de l'électricité étant d'environ 50 %, il faudrait une multiplication par 5 (!) de la production d'électricité française pour couvrir nos besoins actuels grâce à eux[1]. Et quand bien même cela serait possible, nous manquerions certainement de carbone renouvelable[2] nécessaire à cette synthèse.

Du reste, programmer de remplacer le pétrole et le gaz par leurs avatars « bio » ou « de synthèse » ne ferait que retarder les transformations nécessaires, en ne changeant ni les infrastructures industrielles concernées, ni les équipements de consommation (voitures, chaudières…) qui seront alors prêts à accueillir les fossiles lorsqu'on se rendra compte, par exemple, que les « bio » ne suffisent pas, ou sont trop chers.

La baisse profonde des consommations de carburants liquides ou gazeux dans le PTEF implique que certaines habitudes dispendieuses, comme les voyages lointains en avion, soient limitées ; que la mise en place d'organisations techniques collectives plus efficaces soit systématique (utilisation du train pour nos voyages professionnels ou de loisir en France et en Europe, ainsi que pour le transport de marchandises, développement d'une industrie de l'après-première-vie, déploiement de méthodes de conception et de fabrication pour augmenter la durée de vie de nos objets).

Les technologies et les réglementations doivent être mises au service :

- de l'efficacité énergétique (voitures aérodynamiques, légères et peu puissantes, petits véhicules électriques légers, comme

1. Il faudrait en effet consommer 230 millions de tonnes équivalent pétrole (Mtep) d'électricité pour produire 115 Mtep de carburants liquides et gazeux, la production d'électricité actuelle étant de 50 Mtep environ.

2. Il est important que le carbone incorporé dans le carburant de synthèse ne soit pas issu d'une source fossile en premier lieu (comme le serait du CO_2 capté en sortie d'une centrale à charbon par exemple), car le fait de brûler le carburant de synthèse reviendrait alors à en émettre autant que du carburant fossile !

les vélos à assistance, les scooters, les microvoitures, etc., baisse des vitesses maximales autorisées, formation à l'éco-conduite, pompes à chaleur pour les logements) ;
- d'une baisse drastique de la consommation d'énergies liquides ou gazeuses (électrification des voitures, camions et bus, des chauffages, ou encore de certains procédés de production industriels).

Ces changements doivent se dérouler à un rythme soutenu, en commençant dès maintenant.

Les grands objectifs du système énergétique de demain : accompagner la transition et soutenir nos modes de vie, sans énergie fossile, de manière sobre en matériaux et en emprise au sol, y compris en temps de crise.

Le rôle du système énergétique est de rendre possible et d'accompagner ces transformations. Il doit pour cela fonctionner en permanence, même lorsque des situations de crises et de chocs viendront à se produire, sans pour autant devenir gargantuesque en consommation de matériaux ou d'emprise au sol.

Il pourrait en effet être tentant de remplacer notre dépendance aux énergies fossiles par une dépendance aux matériaux. Mais ce ne serait une amélioration qu'en apparence, car les matériaux sont extraits de par le monde essentiellement grâce au pétrole, puis traités par des procédés gourmands en énergie, ce qui ne fait que déplacer le problème. Et bien sûr, ces matériaux ne sont pas disponibles à l'infini sur Terre, si bien que leur approvisionnement pourrait être contraint par une demande mondiale en forte hausse, lorsque les pays voudront transformer leur économie pour se passer de pétrole.

Nos propositions pour transformer le système énergétique

Impulser très vite les nécessaires grands travaux électriques. Le système électrique va devenir l'infrastructure énergétique majeure de demain. Prises ensemble, les transformations du PTEF induisent d'ici 2050 une hausse de la consommation d'électricité de 20 % environ, et une très forte dépendance de l'économie et de nos modes de vie au bon fonctionnement du système électrique. Si chacun de nos chauffages, cuisinières, voitures, écrans et une large partie des machines de nos usines fonctionnent à l'électricité, mieux vaut que celle-ci soit toujours disponible à la prise !

Ce système électrique va devoir muter fortement et rapidement. Nos réacteurs nucléaires ont en effet été mis en service de façon groupée à partir des années 1980, et un grand nombre d'entre eux va devoir s'arrêter sur un laps de temps court. Si l'on veut avoir assez d'électricité lorsque ces réacteurs prendront leur retraite, des capacités de remplacement devront à ce moment-là être opérationnelles. Le timing est serré. Lors de la décennie 2040, 80 % des réacteurs atteindraient soixante ans, si jamais ils passaient avec succès leur précédente visite décennale (leur « examen de sûreté »). D'après ses propres estimations, l'industrie électronucléaire française sera au mieux capable de produire une paire de réacteurs de type EPR tous les deux ans à partir de 2035, si leur construction est actée au cours du prochain quinquennat.

Mais ces mutations seront loin d'être suffisantes : le nucléaire et les barrages hydroélectriques ne répondraient alors qu'à environ 65 % de la consommation des secteurs du PTEF en 2050. Il est en outre nécessaire d'accélérer l'installation d'énergies renouvelables électriques (les « EnR », éolien et photovoltaïque essentiellement) sans tomber dans la surconsommation de matériaux et d'espace foncier, et/ou de faire appel à une filière électronucléaire étrangère (ou privée ?).

Puisque la ligne de crête est étroite, il faut mettre toutes les chances de notre côté en menant les efforts de front : sobriété, efficacité, nucléaire et renouvelables. Si nous ne parvenons pas à suivre cette crête, des politiques de sobriété bien plus strictes devront être préparées et acceptées démocratiquement. Et si nous nous révélons incapables de mener un tel débat, le risque sera alors grand que l'objectif de décarbonation soit remis *sine die*...

Dans l'hypothèse d'un déploiement accéléré des EnR en complément du nucléaire français, il faudra y adapter notre réseau électrique en développant les interconnexions avec nos voisins européens[1], et en permettant un certain pilotage de machines et d'équipements connectés au réseau[2]. Ces leviers, avec la base de production nucléaire et hydroélectrique et un faible complément de centrales électriques thermiques à flamme (par exemple alimentées au biogaz ou à la biomasse), devraient suffire à assurer la fiabilité du réseau sans recours à du stockage massif par batteries, selon le rapport *Futurs énergétiques 2050* publié en 2021 par Réseau transport d'électricité (RTE).

Enfin, il faudra déployer deux grands réseaux de bornes de recharge pour les voitures et utilitaires légers électriques : un réseau « lent », chez les particuliers et sur les lieux de travail, pour assurer les recharges « quotidiennes », et un réseau « rapide », le long des autoroutes ou des nationales, qui permettra une recharge complète en trente minutes.

---

1. Cela permet de bénéficier d'effets de « foisonnement », notamment pour l'éolien, car plusieurs régimes de vent circulent en Europe, si bien que la mise en commun de la production grâce aux interconnexions permet de réduire la quantité de moyens de production et de stockage à installer dans chaque pays.
2. Par exemple, les voitures électriques peuvent se recharger préférentiellement en pleine nuit lorsque la demande en électricité est faible, ou en milieu de journée lorsqu'il y a du soleil, plutôt que le soir vers 19 heures au moment où le plus de gens les branchent ; les chauffe-eau peuvent partiellement être pilotés, en décalant par exemple d'une demi-heure le réchauffage de l'eau.

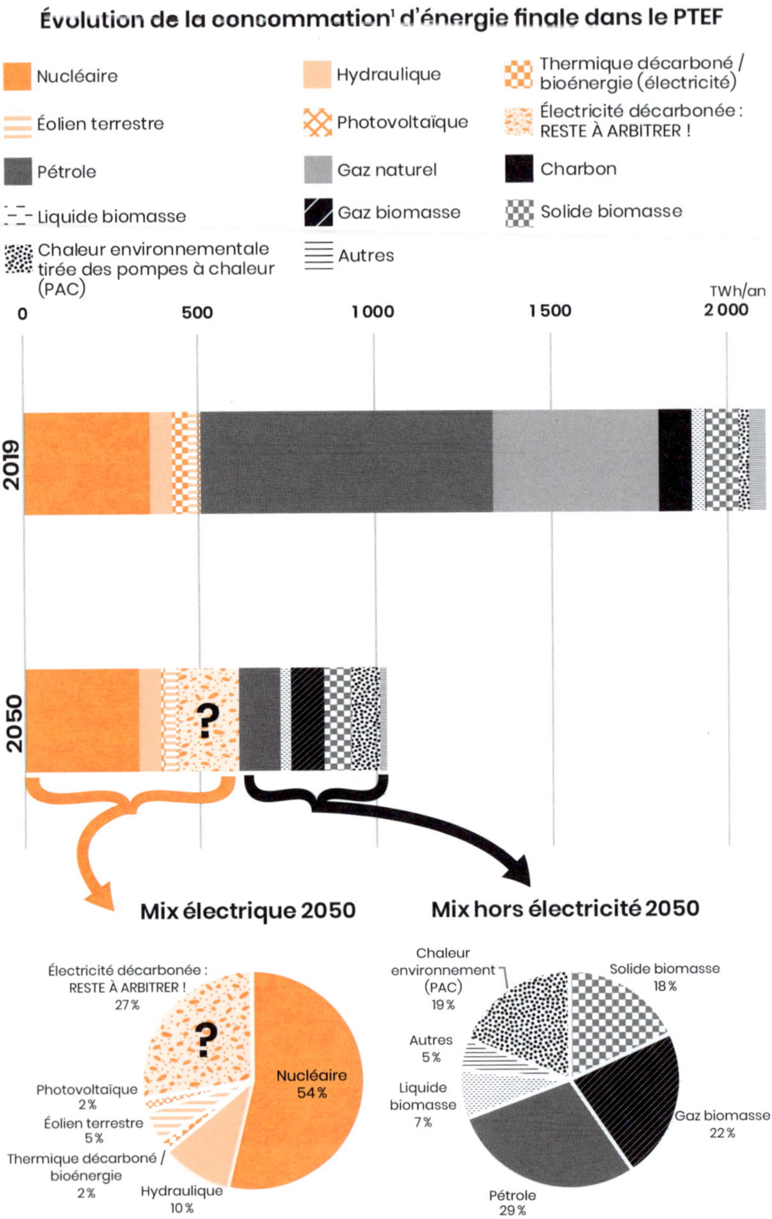

1. Consommation d'énergie finale : y compris la consommation de l'industrie énergétique elle-même, notamment la conversion des vecteurs entre eux, et les pertes de transport et de distribution.

Le mix énergétique proposé par le PTEF en 2050 découle des choix structurants suivants :

• **Concernant l'électricité**

– La production nucléaire est issue du scénario N03 publié en 2021 dans les *Futurs énergétiques 2050* de RTE ; elle correspond au maximum que la filière française espère pouvoir produire en 2050.

– La production hydraulique est considérée en très légère baisse d'ici 2050, selon les hypothèses d'hydrologie de RTE (*ibid.*).

– La production des autres énergies renouvelables (photovoltaïque, éolien) correspond à la production actuelle, et donc au simple renouvellement du parc actuel jusqu'en 2050.

– Le « reste à arbitrer » devra être composé de moyens de production bas carbone (nucléaire, éolien terrestre ou en mer, photovoltaïque, autres énergies renouvelables électriques), et dans les limites d'une consommation de matériaux faible par rapport au reste de l'économie. Ce « reste » pose une difficulté particulière car il ne peut être comblé facilement par la filière électronucléaire française.

– La production de thermique à flamme (thermique décarboné/bioénergies) est issue des travaux de RTE sur le scénario N03. Elle permet d'équilibrer le système électrique y compris dans le cas le plus difficile, celui où l'ensemble du « reste à arbitrer » serait composé de renouvelables non pilotables.

• **Concernant les liquides, gaz et solides**

– La biomasse a été privilégiée pour répondre aux besoins en ces formes d'énergie, dans les limites d'estimations de gisement de biomasse (résidus agricoles ou produits forestiers) prudentes.

– La biomasse sert prioritairement à répondre aux besoins en solides, puis gaz, puis liquides, cet ordre favorisant les meilleurs rendements énergétiques.

– Lorsque la biomasse ne suffit pas, alors seulement les fossiles répondent aux besoins.

• **La chaleur environnementale** est la chaleur captée dans l'environnement par les pompes à chaleur alimentées à l'électricité, selon les hypothèses du secteur logement du PTEF.

• **Les autres formes d'énergie** correspondent aux déchets non renouvelables, à la géothermie et à la chaleur industrielle, pour alimenter les réseaux de chaleur, selon les hypothèses du secteur logement.

Préparer le déclin des carburants liquides et gazeux. Comme nous l'avons vu, les combustibles liquides et gazeux vont en grande partie sortir de nos vies et de notre économie. Les filières du pétrole et du gaz vont donc voir leurs activités en France diminuer fortement d'ici 2050.

Cela ne peut se faire sans préparation sérieuse et sans coordination avec l'évolution du reste de l'économie. Tout comme la mise en service du réseau gazier s'est faite au fil du temps, en équipant chaque maison avant d'y injecter le gaz, il faudra réaliser une opération inverse, quartier par quartier, commune par commune : remplacer les équipements au gaz par des équipements électriques dans chaque maison et chaque appartement, puis condamner les portions de réseau devenues inutiles[1].

Il faudra faire de même avec le réseau de stations-service : à mesure que les ménages en France s'équipent de voitures électriques et que leurs foyers sont équipés en bornes de recharge, certaines stations-service pourront fermer ; puis des dates de fermeture par localités seront décidées, cinq ans à l'avance, pour laisser le temps aux derniers ménages de changer de voiture. Évidemment, une politique d'aide à ceux qui n'ont pas les moyens de changer de voiture devra être mise en place pour que personne ne se retrouve sans solutions pour se déplacer (voir notamment « 8. La mobilité quotidienne »).

Dans le même temps, l'emploi dans les secteurs gaziers et pétroliers en France va chuter, ce qui doit être anticipé.

Déployer des filières énergétiques secondaires localisées stratégiquement. L'électricité sera l'énergie majoritaire. Mais d'autres formes d'énergie seront consommées, en quantités relativement plus petites. Le bois ou la biomasse agricole, ainsi que la chaleur distribuée par réseau seront utilisés essentiellement dans le résidentiel et le tertiaire pour se chauffer. Du bois servira pour produire de l'électricité.

Le gaz issu de l'agriculture continuera d'être consommé dans les différents secteurs de l'économie, mais en des quantités cinq fois moindres que le gaz naturel actuellement. Il s'agit néanmoins de quantités très élevées quand il est question de les produire par méthanisation : plusieurs milliers de méthaniseurs seront nécessaires sur le territoire, chacune pour drainer les résidus agricoles de plusieurs communes. Le gaz obtenu devra alors être injecté dans le réseau ou consommé localement par les machines agricoles.

Les agrocarburants et l'hydrogène que nous parviendrions à produire en 2050 seront essentiellement utilisés dans l'aviation et l'industrie.

---

1. Certaines portions du réseau pourront rester fonctionnelles selon les besoins résiduels en consommation de gaz et selon les possibilités d'injection de biogaz, moyennant quelques adaptations, par exemple sur la puissance des compresseurs qui permettent au gaz de circuler.

Par exemple pour que l'aérien puisse effectivement passer à l'hydrogène, les aéroports encore ouverts d'ici 2040 devraient s'équiper d'usines d'électrolyse de quelques hectares, dont les électrolyseurs seraient mis en service au fur et à mesure du déploiement de la flotte d'avions à hydrogène. Ce mouvement devrait se faire simultanément dans différents aéroports européens, pour ouvrir progressivement des lignes adaptées aux vols à hydrogène.

Les industries consommatrices d'hydrogène (les sites restants de production d'ammoniac et de raffinage) devront aussi investir dans leurs installations d'électrolyse.

Des carburants liquides seront produits pour alimenter en priorité les stocks stratégiques de la nation, les groupes électrogènes de secours (hôpitaux, centrales électriques...), et les armées. Dans un monde en transition, il s'agira d'une ressource rare et chère issue de la transformation de résidus agricoles et de bois, disponible au niveau européen en quantités très limitées face à la demande. Les quelques grands aéroports français qui assureront les lignes long-courrier encore en activité seront partiellement approvisionnés par ces carburants, dont les volumes dépendront des rendements agricoles et forestiers de chaque année. Des zones agricoles et forestières de l'échelle de quelques départements se structureront autour d'agroraffineries, afin de produire quelques millions de tonnes de carburant qui seront transportées vers les points stratégiques et les aéroports.

Si notre hypothèse est que les gisements en biomasse resteront limités[1], c'est afin d'assurer que ces gisements ne seront pas en conflit avec d'autres usages et n'auront pas une emprise au sol excessive. Ces gisements ne suffiront cependant pas à couvrir les besoins relevés dans le PTEF en 2050. Une partie des carburants liquides seront encore d'origine fossile : du pétrole sera encore nécessaire,

1. Elles se fondent pour les résidus agricoles sur l'étude de 2021 de France Stratégie : *La Biomasse agricole. Quelle ressource pour quel potentiel énergétique ?* ; pour le bois et les résidus de bois, il s'agit d'une hypothèse prudente inspirée des travaux de l'étude *Transition(s) 2050* de l'Ademe parue également en 2021.

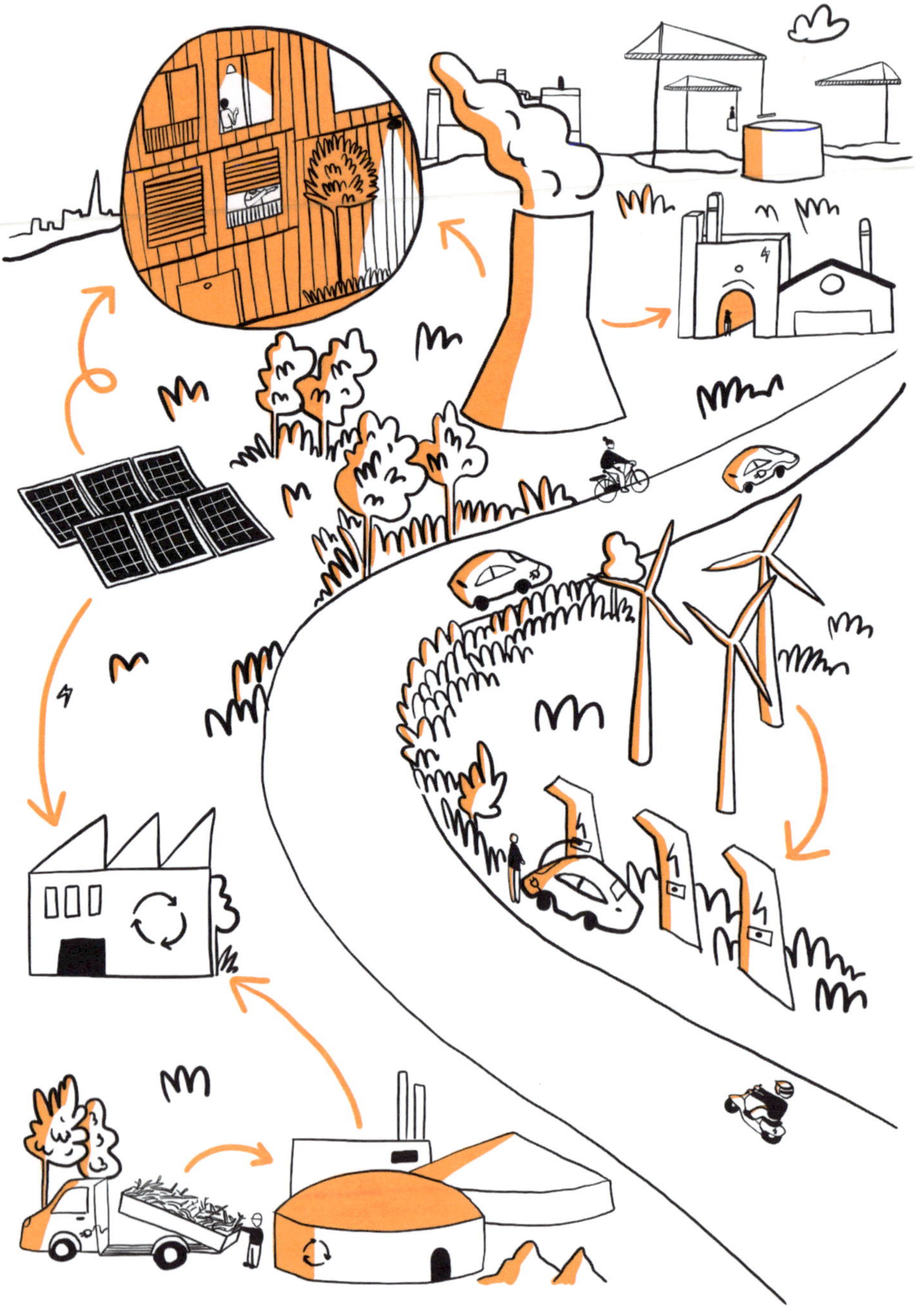

avant tout pour produire les plastiques dont les usages sont difficilement compressibles, dans l'industrie ou dans les hôpitaux.

Mettre en place une gouvernance de la transformation du système énergétique. L'ensemble des transformations que nous venons de décrire demandent une grande capacité d'anticipation et de coordination entre différents secteurs de l'économie. Une telle capacité a pu exister en France par le passé, mais elle a été largement restreinte.

Une structure de planification et de gouvernance de la transition du système énergétique doit dès aujourd'hui voir le jour à un niveau national, et probablement être placée directement sous l'autorité du chef de l'État. Cette structure doit permettre un dialogue régulier entre les parties prenantes de la transformation, en premier lieu les représentants économiques et politiques des différents aspects de l'économie et de nos modes de vie. Elle doit être déclinée *via* des agents de l'État dans les territoires et les bassins de vie. Le rôle de ces agents sera d'assurer que la transition énergétique se fait au bon rythme et de manière coordonnée entre les différents secteurs, à tous les échelons.

C'est ainsi que la France démontrera qu'anticipation et coordination permettent d'aller vers une société sobre, apaisée, préparée aux chocs du XXIe siècle et pratiquement indépendante des énergies fossiles.

5

L'industrie

Le secteur aujourd'hui

L'industrie a beaucoup reculé en France, elle ne représente plus que **13 %** du PIB et de l'emploi

1/5 des émissions nationales de GES[1]

3/4 des émissions viennent de l'industrie lourde (métallurgie, chimie, ciment-béton)

- Baisse des émissions de **60 %** depuis 1990 (gains techniques, notamment sur le N_2O)
- Amélioration de l'efficacité énergétique depuis 30 ans
- Mise en place des quotas carbone (EU-ETS) pour les sites les plus émetteurs

2022-2027 : les leviers pour décarboner

Poursuivre le progrès technique
ciments bas carbone, meilleure efficacité énergétique, combustibles biomasse, recyclage des métaux

Augmenter le recyclage des plastiques, la réparation et le réemploi, et relocaliser la production d'engrais

Créer un cadre propice aux ruptures technologiques
hydrogène, capture du carbone, nouvelles manières de construire

Baisser la consommation d'emballage plastique de 70 %
et s'adapter à la sobriété déployée dans les autres secteurs (mobilité, bâtiment, agriculture, etc.)

La transformation à horizon 2050

80 % de réduction des émissions

dont **20 %** par la sobriété

Résilience

Une industrie d'excellence décarbonée
- de volume
+ de valeur

Meilleure résilience avec des relocalisations et une balance commerciale rééquilibrée

Emploi

Réductions de volumes avec relocalisations, réduction des importations et développement de nouvelles filières (batteries, bois, etc.)

L'après-1re-vie maille le territoire avec des emplois non délocalisables

[1] GES = gaz à effet de serre

Le métabolisme de l'économie

La part relative de l'industrie dans l'économie française décroît depuis un demi-siècle. Elle est passée d'un quart de la population active et du PIB dans les années 1970 à 13 % seulement aujourd'hui. La crise du Covid a rouvert les yeux sur l'intérêt pour un pays de disposer d'un appareil industriel robuste et diversifié.

Si l'énergie est le système sanguin de notre économie, l'industrie en est le métabolisme. Elle ingère ses aliments sous leur forme brute (les minerais, l'énergie, les hydrocarbures) pour les transformer en substances et produits (barres d'acier, blocs de béton, poutres en bois, colles, peintures, engrais, rails, routes, câbles, trains, automobiles, smartphones, petites cuillères et meubles en kit) qui permettront toutes les activités finales (se déplacer, se nourrir, habiter, se divertir, exercer la démocratie et lire ce livre à l'abri d'une morne pluie du mois de mars). Et, comme tout métabolisme, elle excrète des déchets.

Pour comprendre l'industrie française, il est essentiel de réaliser qu'elle est largement ouverte sur le monde, en compétition avec les industries du reste de l'Europe et des autres continents. Cela explique les désindustrialisations et délocalisations de ces dernières décennies. Malgré des secteurs comme la chimie ou la sidérurgie qui exportent la moitié de leur production, la balance commerciale des biens industriels en France s'est dégradée au fil des ans, jusqu'à atteindre un déficit annuel de 35 milliards d'euros en 2019.

Reposant sur des chaînes logistiques longues et intégralement dépendantes de la disponibilité en pétrole (transport de marchandises et de matériaux principalement par la route, le bateau ou plus marginalement l'avion), notre système productif est aujourd'hui très vulnérable aux crises peu prévisibles qui peuvent atteindre ces chaînes, comme l'ont démontré les récentes ruptures d'approvisionnement en puces électroniques par exemple.

Une décarbonation doublement contrainte. L'industrie représente environ 20 % des émissions territoriales françaises, soit bien plus que son poids économique.

Elle a fait depuis les années 1990 un effort significatif de décarbonation, principalement mené par le secteur de la chimie, lui ayant permis d'atteindre une baisse de ses émissions annuelles de 60 $MtCO_2eq$. Mais cet effort reste très insuffisant pour atteindre l'objectif d'une nouvelle réduction de 80 % à 2050 par rapport à 2015.

C'est sur l'industrie lourde que pèse de loin la principale part des efforts à mener. La chimie, la métallurgie (principalement la sidérurgie, c'est-à-dire la production d'acier) et l'industrie des matériaux de construction (principalement le ciment) représentent à elles seules les trois quarts des émissions du secteur. La moitié des gaz à effet de serre de l'industrie proviennent même d'un petit groupe de quinze sites uniquement (parmi lesquels les usines métallurgiques de Fos-sur-Mer et Dunkerque, ou encore les raffineries de Normandie).

L'industrie manufacturière (automobile, cosmétique, alimentation, machines, etc.) qui assemble et produit les biens intermédiaires et finaux ne pèse qu'un quart des émissions du secteur. Elle dicte en revanche la demande de l'industrie lourde.

À la fois métabolisme et secteur à part entière, l'industrie porte un enjeu double. Elle doit permettre aux autres secteurs de se transformer – en produisant les biens et infrastructures dont ils ont besoin pour décarboner leurs activités – tout en assurant que cette production devienne elle-même décarbonée et presque totalement indépendante des intrants fossiles.

Pour y parvenir, l'industrie doit mobiliser deux leviers

- réduire les émissions provenant de sa consommat gie, qui est à la fois carbonée et considérable (la chimie consomme par exemple de grandes quantités de gaz naturel, et le ciment des hydrocarbures liquides et solides) ;
- réduire les émissions de procédés qui sont issues des réactions chimiques entrant en jeu dans la production des matières premières et transformées (transformation du minerai de fer en acier, transformation du gaz naturel en hydrogène puis en ammoniac, lequel servira pour les engrais, etc.).

Les émissions de procédés, loin d'être anecdotiques, sont rendues largement inévitables par les lois de la chimie… à moins de changements de procédés radicaux. Les deux tiers des émissions des fours des cimenteries proviennent par exemple de la réaction chimique du calcaire. L'hydrogène est aujourd'hui très largement produit par « vaporéformage », une réaction entre vapeur d'eau et gaz naturel qui émet de grandes quantités de CO_2.

Décarboner l'industrie lourde

Sur la base des ambitions affichées par les principales filières de l'industrie lourde (ciment-béton, sidérurgie et chimie), et en prenant en compte les évolutions des besoins des autres secteurs (mobilité, logement, agriculture, etc.), le Plan de transformation de l'économie française (PTEF) dessine un cap pour la décarbonation de l'appareil productif, en quatre actes :

- accélérer l'amélioration continue historiquement mise en œuvre par les acteurs industriels ;
- provoquer les conditions pour déployer des ruptures technologiques prêtes à l'être ;
- amener le recyclage à la bonne échelle et relocaliser certaines productions ;

– adapter les volumes de production à la sobriété déployée dans les autres secteurs pour se décarboner.

Accélérer le progrès continu permettra de parcourir plus de 40 % du chemin. Les progrès historiques de l'industrie sur ses émissions s'appuient sur des solutions dont le potentiel n'est pas encore épuisé aujourd'hui. Prolonger et accélérer leur rythme de développement permet de remplir une part conséquente du contrat de décarbonation, sans changement majeur dans la manière de produire.

L'amélioration de l'efficacité énergétique sera portée au maximum de son potentiel, avec des marges d'amélioration qui sont par exemple limitées dans l'industrie métallurgique, mais substantielles dans d'autres. Chez les cimentiers et bétonniers notamment, les sites français relativement anciens accusent un écart de performance avec les meilleurs standards mondiaux, consommant parfois 10 à 15 % de plus pour la même production.

Mais réduire la quantité consommée ne suffit pas, il faut également substituer les combustibles fossiles qui alimentent en énergie la production.

Il s'agit de rattraper le retard de la France sur l'utilisation de déchets et de biomasse dans les fours des cimenteries, bétonneries, et les réacteurs de la chimie. Cet effort doit être couplé avec l'intensification du recours à l'électricité là où il est aisé de le faire, notamment dans certains procédés de la chimie et dans la production de métaux. Le recyclage de l'acier et de l'aluminium permet notamment de facilement « refondre » des produits, comme dans l'industrie du verre, en s'appuyant sur une électricité déjà largement décarbonée par rapport aux voisins européens.

Les améliorations développées par l'industrie depuis trente ans pour directement agir sur ses émissions de procédés seront quant à elles déployées autant que faire se peut. La réduction historique des émissions de N_2O – gaz à effet de serre au potentiel réchauffant 265 fois supérieur au CO_2 – peut être poussée plus loin encore.

Dans le même temps seront mis sur le marché les ciments à composition bas carbone (dont les ciments dits « ternaires »), intégrant

davantage d'ajouts comme le calcaire ou les pouzzolanes afin de réduire le contenu en clinker. La place de ce dernier élément central mais très carboné du ciment, qui représente aujourd'hui 75 % de sa composition en France, pourra être ramenée à un seuil de 60 %.
Les ruptures technologiques permettraient de reproduire ce gain. Dans chaque secteur, des innovations de rupture sont en gestation. Elles sont souvent évoquées sans être véritablement intégrées aux feuilles de route officielles des filières. Parmi elles, certaines des plus notables et matures sont rendues possibles par le PTEF, en créant les conditions nécessaires à leur aboutissement et à leur déploiement à l'échelle entre 2030 et 2050.
Dans les matériaux de construction, la rupture vient de la révolution coordonnée du béton et des façons de bâtir. Le béton, mélange de granulats et de ciment, sera optimisé dans sa composition (en intégrant moins de ciment et en améliorant sa formulation) et ses utilisations (en rendant plus minces et plus adaptés les designs des éléments en béton). La nouvelle réglementation environnementale, la RE2020, ensemble de normes sur l'empreinte carbone de la construction de bâtiments, régule dès 2022 la quantité maximale d'équivalent CO_2 par mètre carré pour les logements neufs. Cette évolution radicale devrait favoriser l'innovation et la mixité des matériaux, lesquels permettront de produire en 2050 des bâtiments issus de la combinaison de béton décarboné et de matériaux biosourcés (comme le bois) ou géosourcés (comme l'argile).
Pour la chimie et l'acier, la très populaire rupture « hydrogène » possède un potentiel de révolution des procédés, à condition que les capacités de production d'hydrogène par électrolyse (consistant à utiliser de l'électricité décarbonée pour extraire l'hydrogène de l'eau) soient bien au rendez-vous.
Dans la chimie, l'hydrogène trouverait une application ultraefficiente pour produire des engrais azotés.
Pour la sidérurgie, il pourrait permettre de métamorphoser la filière des hauts fourneaux en passant à la « réduction directe » du fer par

l'hydrogène, procédé relâchant de l'eau plutôt que du dioxyde de carbone lors du traitement des oxydes de fer (qui sont les matières premières de l'acier).

Afin de capturer une partie des émissions de procédés restantes, les émissions « incompressibles », une technologie commune à nos trois secteurs industriels lourds est déployée dans le PTEF : la fameuse technologie de capture et de stockage du carbone (CSC). Elle consiste à capter le CO_2 contenu dans les gaz sortant des cheminées et des évacuations des usines, afin de le transporter et de l'enfouir dans des couches géologiques profondes. Sur la base des potentiels identifiés par l'Ademe en 2020, des projets aujourd'hui en cours de montage et des évolutions des filières lourdes, le PTEF prévoit un recours au CSC limité et atteignable. Le CSC permettra de stocker quelques mégatonnes de dioxyde de carbone par an : environ 1 million de tonnes (Mt) de CO_2 captées en cimenteries, et 3 $MtCO_2$ dans l'industrie de fabrication de l'ammoniac.

Ces ruptures permettront de faire fondre les émissions du secteur sans modifier ses volumes de production. Cependant, les 40 % de décarbonation que ces ruptures permettent ne sont accessibles que si les ressources physiques, réglementaires et économiques nécessaires sont priorisées pour rendre possibles ces paris technologiques très lourds.

Décupler le recyclage, riche en emploi, et relocaliser certaines productions. Si le recyclage est déjà développé dans l'industrie des métaux, celui des plastiques nécessite des accélérations importantes pour aligner le taux français sur celui de ses meilleurs voisins européens, et prolonger la tendance jusqu'à 2050. L'augmentation du taux de collecte et du taux de recyclage ainsi que le développement des procédés chimiques, en plus des procédés mécaniques, rendent possible cette nouvelle impulsion. Cela permettra d'économiser près de 1 Mt de résine vierge dans des délais assez rapides, en produisant nos plastiques à partir des matières déjà présentes dans les déchets du territoire plutôt qu'en employant de nouvelles matières premières fossiles.

L'industrie chimique transformée pourra également relocaliser la production d'environ 1 Mt d'engrais, d'abord pour nos besoins propres – en réduisant l'empreinte carbone de l'ammoniac désormais produit avec de l'électricité décarbonée – puis pour une exportation possible suite à la réduction des besoins en engrais.

La sobriété déployée dans les autres secteurs est indispensable à l'industrie afin d'atteindre sa cible de décarbonation. La dernière grande transformation de l'industrie viendra de la modification des volumes de production, qui seront entraînés par la transformation des autres secteurs. Le recours inévitable à la sobriété dans les secteurs d'usages (ralentissement de la construction neuve entre 2030 et 2050, allégement du parc automobile, etc.) engendre des baisses de volumes qui permettent à l'industrie de se placer sur la bonne trajectoire. Un levier clé sera la réduction quasi totale des emballages plastiques à usage unique utilisés dans la grande consommation d'ici 2050.

Si les progrès continus, dont l'accélération est tout à fait réalisable, et les ruptures technologiques, dont le déploiement dépend d'une planification et de la priorisation efficace des ressources, permettent de parcourir plus de 80 % du chemin vers une industrie décarbonée, les 20 % restants sont offerts par la sobriété. Le cap de l'industrie lourde est ainsi rendu accessible grâce aux efforts des secteurs qu'elle alimente en matières premières et transformées.

	2016 ($MtCO_2eq$)	Évolution à 2050			
		Total	dont progrès continu	dont rupture technologique	dont sobriété
Ciment	11	− 80 %	50 %	40 %	10 %
Chimie	21	− 90 %	40 %	40 %	20 %
Sidérurgie	22	− 80 %	40 %	40 %	20 %
Total industrie lourde	54	− 80 %	40 %	40 %	20 %

Les chiffres donnés dans ce tableau sont arrondis : ils visent simplement à dépeindre le rôle relatif des mesures.

Un nouveau segment clé de l'industrie manufacturière : la production de batteries

Développer une filière de production de batteries est indispensable au développement de la mobilité électrique, qui est au centre de la transformation de nos modes de déplacement dans le PTEF. La question est de savoir où et comment.

Le PTEF propose de correctement intégrer dans les projections de l'industrie l'apparition et le développement de ce nouveau maillon indispensable, dimensionné par le marché de la voiture électrifiée (hybride, hybride rechargeable et 100 % électrique) qui lui impose une cadence de production de l'ordre de plusieurs dizaines de gigawattheures de batterie par an, après transformation.

En assurant en France la production d'une part conséquente mais atteignable de cette demande (cohérente avec les projets aujourd'hui annoncés par la filière automobile française), le PTEF s'appuie sur la relocalisation d'une partie de la fabrication des batteries afin de décarboner fortement la phase d'assemblage des cellules. L'impact carbone de cette phase d'assemblage est dimensionné par la consommation d'électricité et donc par le mix électrique sollicité.

L'impact hors frontière de la production des batteries, notamment dû à la phase d'extraction et de première transformation, représente au minimum la moitié des émissions totales de production. Bien qu'il ne soit pas pris en compte dans les estimations du PTEF (lesquelles restent limitées à l'échelle territoriale), cet impact est essentiel à pointer : la complexe relocalisation des phases de production concernées n'étant pas effectuée dans le cadre du Plan, cette partie de l'impact reste de ce point de vue incompressible. Produire les batteries dont nous avons besoin continuera de nécessiter l'entretien d'une dépendance envers des sites de production dont les dynamiques et impacts sont hors de portée de nos leviers d'action nationaux.

Porter la filière de l'après-première-vie à la bonne échelle

La filière de l'après-première-vie (APV) est le rouage essentiel de notre nouvelle gestion des flux de matières. Rassemblant les acteurs du recyclage, de la réparation et du réemploi, elle couvre l'ensemble des activités qui prennent en charge les biens après leur première utilisation : appareils électroniques en panne, articles en verre, chutes de différents métaux, déchets de chantier, mobilier en bois, plastique ou fer forgé, etc.

Instrument décisif dans la décarbonation de l'industrie métallurgique et plastique grâce au recyclage, l'APV permet aussi de réduire la dépendance de l'industrie manufacturière et de l'économie aux produits neufs, en allongeant les durées de vie grâce au réemploi et à la réparation.

L'intérêt particulier de cette filière est de présenter un potentiel d'exploitation très fort des matières déjà présentes sur le territoire. Sa caractéristique principale est d'englober une myriade d'acteurs dont les objectifs et intérêts peuvent entrer en concurrence, suivant les matières et les territoires concernés. Il sera donc indispensable de coordonner les filières entre elles, afin de leur permettre d'atteindre la bonne échelle sans s'entraver les unes les autres dans des disputes de bouteilles.

C'est ce que préconise le PTEF : la création d'une filière globale de l'APV, avec ses espaces de concertation et de gouvernance, ses politiques et stratégies industrielles, sa logique et sa cohérence propres. Les acteurs du recyclage, déjà implantés sur le territoire et en mesure de déployer et de piloter de larges infrastructures, sont le cœur de la structuration industrielle de la filière. Organisés aujourd'hui de façon assez nébuleuse et fourmillant de petites structures relevant souvent de l'économie sociale et solidaire, les acteurs de la réparation et du réemploi sont le terreau au sein duquel la structuration de la filière peut dès aujourd'hui émerger.

Grâce à son potentiel et à ses activités à forte concentration en emplois et en main-d'œuvre, l'industrie de l'APV constitue en 2050 la fondation de la gestion des ressources en France. Elle permet d'assurer la décarbonation des secteurs de l'industrie lourde. Elle génère les créations d'emplois nécessaires pour compenser la baisse d'activité dans la production de ciment et de béton.

Comment rendre les ruptures technologiques possibles ?

Les ruptures technologiques identifiées ne se produiront qu'à condition que certaines initiatives politiques soient prises. Il est en effet nécessaire de construire le cadre réglementaire et stratégique dans lequel ces innovations peuvent advenir. Pour ce faire, quatre types d'instruments sont à mobiliser de manière prioritaire.

Dans les projections des filières énergétiques nationales, **les ressources en hydrogène produit par électrolyse doivent être priorisées pour la production d'engrais et d'acier**. Les émissions évitées par ce biais ne peuvent en effet l'être autrement. Cela réclame un pilotage sur le long terme de la croissance de la demande de l'industrie en électricité décarbonée, non intermittente et non effaçable. Pour la sidérurgie et la relocalisation complète de notre production d'engrais azoté, cette demande supplémentaire pourrait s'élever à près de 20 TWh au minimum et jusqu'à 50 TWh dans le cadre d'une politique de réindustrialisation décarbonée intensive. Soit plus de 10 % de la production électrique actuelle.

Définir quelques nouvelles normes bien ciblées permet d'orienter et de forcer dans la bonne direction les efforts de l'industrie de manière synchronisée, par exemple en étendant la RE2020 au secteur tertiaire, en incluant des critères d'empreinte carbone dans les appels d'offres en travaux publics et génie civil et en intégrant une comptabilité carbone sur les intrants agricoles dès 2030.

Coupler ces normes à des mécaniques de gouvernance internationale permet ensuite de rendre stratégiquement viables les initiatives industrielles. Les outils européens à venir, tels que le futur Mécanisme d'ajustement carbone aux frontières et l'élimination progressive des quotas carbone gratuits, pourraient permettre d'assurer une décarbonation ne rimant pas avec le sabordage de certains acteurs, en empêchant leur éviction par des produits plus carbonés mais moins chers venus de l'extérieur de l'Union européenne. La France doit soutenir ce type de projets pour qu'ils aboutissent.

Quatrième type d'instrument : piloter le développement des filières. Dans le cas de la filière bois, par exemple, il est possible de recourir à une régulation des exports de bois bruts, afin de permettre la structuration d'une filière aval de transformation du bois. Sans cela, cette filière sera incapable de monter en régime et les objectifs de la RE2020 dans le bâtiment risquent de ne pas être atteints.

Après la transformation. Produire dans une société transformée, pour des usages décarbonés

L'industrie après transformation continue de produire les infrastructures et les biens essentiels de la société, mais de façon adaptée aux nouvelles manières plus sobres de se déplacer, de produire, transporter et consommer la nourriture, de communiquer, d'habiter ou bien de se divertir.

Le progrès technique ainsi que l'innovation technologique et organisationnelle ont été poussés au maximum, et l'adaptation à la sobriété est demeurée indispensable. La combinaison de ces leviers a permis à l'industrie de relever le défi. Elle profite de moyens et de procédés de production au niveau des meilleurs standards mondiaux.

Certaines productions ont vu leur volume réduit de manière importante (ciment, béton, plastiques et engrais, notamment), mais la valeur de leurs produits désormais décarbonés a augmenté fortement. Leur transformation rapide rendue possible par la mise à disposition d'électricité supplémentaire non carbonée a permis à ces filières de réduire les importations, de relocaliser certaines productions (chimie ou acier) et de retrouver un solde commercial positif. L'industrie manufacturière a, quant à elle, retrouvé sa compétitivité grâce à la décarbonation de ses intrants et au développement piloté d'une industric de batteries nationale, facteur important de souveraineté.

Les développements de nouvelles filières comme celles de l'APV, qui maille l'intégralité du territoire avec des emplois non délocalisables, ont permis de compenser une part des pertes d'emplois d'autres filières. Au total, l'effet sur l'emploi aura pu être géré, mais un effort d'adaptation et de formation massif aura été nécessaire.

S'étant lancées rapidement dans la transformation vers une économie décarbonée, les filières industrielles françaises sont devenues des filières d'excellence et des références mondiales en termes de décarbonation. Elles procurent à l'économie française de nombreux avantages concurrentiels.

6

L'agriculture et l'alimentation

Le secteur aujourd'hui

3/4 de la consommation d'énergie issue du pétrole

1/4 des émissions nationales de GES[1]

L'agriculture est à la fois un important contributeur de GES et le secteur qui risque le plus directement d'être affecté par le changement climatique

1 430 000 emplois, dont la moitié dans l'agriculture

La part des agriculteurs dans la population active a été **divisée par 4** depuis 1980
Le déclin se poursuit

2022-2027 : les leviers pour décarboner

- Accompagner l'installation et le renouvellement de la population agricole
- Réduire les produits d'origine animale tout en rémunérant mieux les éleveurs
- Diminuer le gaspillage et les emballages, ainsi que la déforestation importée
- Raccourcir les chaînes d'approvisionnement (circuits courts, production locale, autonomie fourragère, etc.) et recycler les nutriments
- Planification d'une filière biocarburant pour les besoins restants de l'aviation et les usages critiques

La transformation à horizon 2050

Production de lait et d'œufs réduite de **33 %**
Produits de la pêche divisés par **2**
Production de viande divisée par **3**
Pertes et gaspillage divisés par **4**

Les émissions nationales de GES ont baissé de **60 %**
Le secteur devient producteur net de carburants et de combustibles
La santé des Français s'est améliorée grâce au changement d'alimentation

Résilience

Pratiques agroécologiques généralisées : moins vulnérable face aux aléas climatiques

Réduction de la dépendance au pétrole et aux importations
Moindre recours au transport routier

Emploi

Baisse dans l'agroalimentaire, chez les grossistes et les producteurs d'intrants : **– 88 000 ETP**

Forte croissance dans la production agricole :

+ 500 000 ETP, retour au niveau du début des années 1990

[1] GES = gaz à effet de serre

État des lieux.
Le secteur agricole : premier émetteur de gaz à effet de serre, premier touché par leurs conséquences

La transition du secteur agricole est depuis longtemps un sujet clivant. Nourriciers de la population selon les uns, mais empoisonneurs selon les autres, aménageurs de l'espace rural ou destructeurs de biodiversité, suppôts de la culture intensive ou victimes de la grande distribution, pourvoyeurs d'énergie renouvelable ou saccageurs de paysages, défenseurs du pouvoir d'achat ou auxiliaires de la malbouffe, les agriculteurs sont au carrefour d'enjeux touchant la santé, la biodiversité, l'économie, le social, l'aménagement de l'espace, le climat, l'énergie, ou encore la sécurité alimentaire. Dans ce cadre, il est difficile, voire impossible, de progresser sur un ou plusieurs tableaux sans contreparties sur les autres.

Dans le cadre du PTEF, nous avons pris le parti d'aborder cette transition avec le prisme du carbone et de l'énergie, et nous présentons des propositions pour rendre le système alimentaire français plus résilient face à ces contraintes. Car, si **le secteur agroalimentaire est aujourd'hui efficace pour produire** de grandes quantités de matières premières agricoles, **il n'apparaît guère résilient** face aux conséquences émergentes du changement climatique, ou de la raréfaction – émergente elle aussi – des combustibles fossiles. Le secteur de l'agriculture et de l'alimentation est même dans une situation paradoxale, puisqu'il s'agit à la fois de l'un des principaux émetteurs de gaz à effet de serre (GES), mais aussi celui qui subit le plus directement les conséquences des perturbations climatiques : précipitations intenses, sécheresses, vent parfois, dérèglement des saisons, parasitisme, etc. Il est donc crucial d'aborder en parallèle les questions de réduction d'empreinte carbone et de résilience *via* l'adaptation de l'agriculture au changement climatique.

Nous avons divisé le système alimentaire en trois secteurs d'activité, qui nous permettent de **produire, transformer, distribuer et consommer** nos aliments.

Les transports, en première ligne, représentent 31 % de la consommation énergétique du système alimentaire français, juste devant la production agricole en elle-même (incluant l'énergie de traction utilisée dans les exploitations, et l'énergie nécessaire à la fabrication d'intrants et à la construction de machines et de bâtiments agricoles). Viennent ensuite l'industrie agroalimentaire, la consommation des ménages au domicile, et enfin le secteur tertiaire (grande distribution, restauration hors domicile et commerces)[1].

Même si la plupart des émissions sont liées à la production agricole, un ensemble de leviers aval permet d'agir, notamment en modifiant la demande. Les émissions concernant la production sont en grande partie liées à l'élevage (près de 70 % des émissions nationales de méthane, CH_4) et à la culture du sol (80 % des émissions nationales de protoxyde d'azote, N_2O)[2], CH_4 et N_2O étant des gaz à effet de serre à plus fort pouvoir de réchauffement global que le CO_2. Les bovins sont les principaux contributeurs d'émissions de méthane, en raison d'un processus de digestion particulier – la fermentation entérique – et de la gestion de leurs déjections. Le reste des émissions de méthane est dû à certains types de cultures, comme les rizières ainsi qu'à la combustion des résidus agricoles. Les cultures constituent la principale source d'émissions de protoxyde d'azote,

1. C. Barbier, C. Couturier, P. Pourouchottamin, J.-M. Cayla, M. Sylvestre, I. Pharabod, *L'Empreinte énergétique et carbone de l'alimentation en France*, Club Ingénierie Prospective Énergie et Environnement, Paris, IDDRI, 2019.
2. CITEPA, rapport Secten 2020.

générées par les bactéries présentes dans le sol et dans les déjections du cheptel, à la suite de l'application d'engrais et de la décomposition des résidus. Enfin, le dioxyde de carbone (CO_2) émis par le secteur provient des combustibles fossiles, principalement le fioul consommé par les tracteurs et le chauffage des serres.

Au-delà de la production agricole, le système alimentaire s'appuie sur des chaînes de transformation et de distribution fortement énergivores, éloignées des fermes et des consommateurs et nécessitant des transports de bout en bout. En outre, le secteur est extrêmement concentré à l'aval des exploitations : la transformation est dominée par trois cents entreprises, et la distribution par six grands groupes seulement, lesquels gèrent la quasi-totalité des ventes aux consommateurs. Du côté des consommateurs, 90 % des achats alimentaires sont effectués en voiture, en grande majorité dans les supermarchés et les chaînes de *hard discount*.

La moindre perturbation d'un maillon de cette chaîne peut se traduire par des conséquences disproportionnées sur l'ensemble du système alimentaire. En réduisant significativement les distances parcourues par les produits et les consommateurs, ainsi que les besoins énergétiques liés à la production, les acteurs du secteur peuvent devenir des alliés majeurs de la décarbonation.

Nos propositions pour les cinq ans à venir. Revalorisation, accès au foncier, autonomie, diversité, durabilité

Il est nécessaire de produire « autrement » en développant des pratiques pour décarboner la production agricole et augmenter l'autonomie énergétique du secteur. Il faut aussi raccourcir les chaînes d'approvisionnement et favoriser les activités de production et de consommation de proximité. Cela permet de développer le recyclage des nutriments afin de parvenir à une agriculture plus autonome. En aval, il est tout aussi nécessaire de transformer les habitudes alimentaires pour modifier les besoins d'approvisionnement, en visant à réduire la consommation de produits animaux, les pertes, les déchets et les emballages, ainsi que la déforestation importée.

Se nourrir est un besoin vital et quotidien, mais c'est aussi une source de plaisir. Notre propos n'est évidemment pas de penser une seule et même alimentation pour tout le monde, il est plutôt de proposer des pistes pragmatiques pour réduire la surconsommation, diminuer le gaspillage, améliorer la qualité des aliments et ainsi assurer l'accès de chacun à une alimentation saine et de qualité, meilleure pour la santé et plus locale.

Le renouvellement de la population agricole est primordial pour le maintien du secteur. Entre 1980 et 2018, la part des agriculteurs dans l'emploi total a été divisée par quatre. Le secteur représente aujourd'hui moins de 3 % des actifs et il a du mal à se renouveler[1]. En cause ? L'accès au foncier. Même lorsqu'il y a à la fois des porteurs de projets et des vendeurs, le coût des terrains est souvent trop élevé pour les nouvelles installations, et la faible attractivité de la profession, qui est considérée (à raison) comme étant très difficile et peu rémunérée. Si la tendance actuelle se poursuit, nous aurons un quart d'agriculteurs en moins dans les dix prochaines années, alors que la transition vers un système alimentaire résilient et moins dépendant des énergies fossiles nécessite des pratiques plus intensives en travail. La question de l'installation et du renouvellement de la population agricole est donc au cœur des enjeux de la transition.

Nous proposons de revaloriser le contenu des formations initiales et continues en agriculture pour augmenter l'attractivité de la profession, et faciliter la transition des nouveaux porteurs de projets. Les collectivités doivent encourager les cédants, regrouper les acteurs et simplifier les démarches administratives et financières des repreneurs afin de faciliter l'accès à la terre et aux outils de production.

1. Agreste, « Graphagri », ministère de l'Agriculture et de l'Alimentation, 2007 et 2019.

Réorienter les productions animales vers la qualité, la durabilité, l'autonomie et la biodiversité. Les systèmes d'élevage intensif génèrent une pression considérable sur les écosystèmes et la biodiversité, tout en affichant une forte dépendance à des ressources extérieures limitées (aliments pour animaux, énergie, réserves de poissons, etc.). Réduire les volumes et développer les productions de qualité est indispensable pour rendre le secteur résilient face à l'accentuation des contraintes extérieures. **Nous visons une diminution d'un tiers de la production de lait et d'œufs, une division par deux des produits de la pêche, et une division par trois des productions de viande bovine, de porc et de volaille.**

La baisse de productivité des prairies exposées à l'augmentation des sécheresses contraindra de toute façon de nombreuses exploitations de ruminants à réduire leurs troupeaux pour s'adapter à la diminution des herbages. Pour les animaux monogastriques (porcs, volailles), les enjeux sont de nature différente : les émissions de GES sont beaucoup plus faibles, mais l'alimentation animale est en concurrence avec l'alimentation humaine.

Anticiper et accompagner cette transition reste le meilleur moyen d'éviter la dégradation des territoires et la disparition des éleveurs. La transition de ces systèmes, actuellement très industrialisés, fortement capitalistiques et intégrés dans des filières longues, demandera un engagement fort de l'ensemble des acteurs, sous la pression des consommateurs ou des politiques.

Diversifier les pratiques agricoles dans le sens du respect des écosystèmes, de la qualité gustative et nutritionnelle et de la durabilité. Sécheresses plus fréquentes et plus intenses, vagues de chaleur, inondations, migrations de pathogènes et de ravageurs, volatilité des prix des intrants : autant de phénomènes qui dégradent aujourd'hui les niveaux de productivité et la compétitivité économique des systèmes agricoles français. Il est nécessaire d'engager l'accompagnement de la transition agronomique en intégrant des pratiques de l'agroécologie, une approche globale qui vise à construire des systèmes agricoles durables et résilients inspirés de différentes disciplines (agronomie, écologie, sociologie, etc.). L'agroécologie prend de nombreuses formes : agroforesterie, allongement des rotations, mélanges de différentes variétés pour une même culture, retour de la matière organique dans le sol, fin du labour, agriculture sans pesticides, mixité des troupeaux, élevage à l'herbe… Les grands principes qui guident ces changements sont la recherche d'une plus grande diversité à toutes les échelles (génétique, rotation des cultures, paysages), une utilisation économe des ressources (eau, engrais, énergie), une plus grande autonomie dans les moyens de production (fertilisation, outils, énergie et travail humain, semences, alimentation animale), ainsi que dans la prise de décision, et enfin une meilleure protection de l'environnement (eau, sol, biodiversité).

Même si la généralisation des pratiques agroécologiques permet de diminuer la vulnérabilité des systèmes agricoles aux aléas climatiques, le risque que ces perturbations s'aggravent fortement dans le cas d'un réchauffement planétaire supérieur à 2 °C ne peut pas être écarté. Nous estimons que la transition vers des pratiques agroécologiques entraînera une baisse significative des rendements, de l'ordre de 15 %, à laquelle nous ajoutons l'effet des aléas climatiques : nous tablons au total sur l'hypothèse d'une perte de productivité d'environ 25 %. Les modèles climatiques estiment alors que les niveaux moyens de sécheresse des sols agricoles seraient en 2050 équivalents aux pires niveaux de sécheresse d'aujourd'hui sur une large partie du territoire hexagonal.

Ce risque justifie l'allocation d'importants efforts de recherche et de développement dans l'adaptation des cultures et de l'élevage. Sans chiffrer cet objectif, nous insistons sur les moyens importants à allouer particulièrement dans la sélection de variétés tolérantes à la sécheresse et au changement climatique, la conception de rotations de cultures, la préservation de la fertilité des sols, l'optimisation de l'utilisation des ressources en eau et la pratique de l'agroforesterie.

Développer l'autonomie énergétique du secteur agricole. Dans un double objectif de décarbonation et de résilience face à la contraction des énergies fossiles, le PTEF vise à accroître la production énergétique du secteur agricole et à l'affranchir de sa dépendance aux carburants fossiles. Une partie de la biomasse agricole produite sera convertie en énergie pour les travaux des champs. En dehors de l'électricité, l'essentiel de l'énergie utilisée sera produit par l'agriculture grâce à un mix de ressources et de procédés de conversion.

Raccourcir et recycler : relocaliser les systèmes de production

Raccourcir les chaînes logistiques. Limiter la dépendance du système alimentaire au transport routier, au pétrole et aux importations permettra à la fois de réduire les émissions de GES et de renforcer la résilience du système face à une contraction énergétique. Dans cette optique, nous proposons de réduire de 80 % le flux de marchandises agricoles et alimentaires transportées d'ici 2050. Les flux d'aliments pour animaux seront réduits de 90 % et les importations de fruits et légumes de 85 %. Les infrastructures de stockage (silos, greniers, entrepôts) se développeront également là où les impératifs de résilience l'exigent, pour pouvoir faire face à des perturbations lourdes touchant la production agricole ou la logistique. Cela nécessitera une série de changements à différents niveaux du système alimentaire. Les premiers acteurs concernés seront les filières et les collectivités locales sous l'impulsion du citoyen, acteur de sa propre sécurité alimentaire.
Les circuits de distribution se réorganiseront afin de favoriser la mise en relation des producteurs locaux et des consommateurs, aussi bien en circuits courts qu'en circuits longs. La diversification des productions et des débouchés est par ailleurs un facteur de résilience pour les exploitations agricoles. Ils permettent les échanges de productions

spécifiques à certains territoires et le rééquilibrage entre régions selon les besoins des populations et les aléas de la production.

Recycler les nutriments. Les ressources en engrais minéraux sont vouées à décliner par épuisement des gisements (phosphates, potasse) ou par raréfaction des énergies fossiles nécessaires à leur synthèse ou à leur exploitation (engrais azotés). L'objectif est de réduire notre dépendance aux engrais minéraux de synthèse ou issus de l'exploitation minière, en retrouvant une circularité dans l'utilisation des nutriments. Cela implique de valoriser et de recycler à grande échelle les excrétas humains (urine et matières fécales) et les biodéchets.

Manger mieux et moins : transformer l'approvisionnement alimentaire et les habitudes de consommation

Adopter des régimes alimentaires sains et durables. Définir l'assiette alimentaire moyenne souhaitable d'un Français nécessite de trouver un compromis entre la réduction des impacts négatifs sur la santé et l'environnement et l'acceptabilité des changements. En plus de viser la réduction des aliments émettant le plus de GES (produits animaux), l'assiette proposée s'inscrit dans le renforcement de l'axe « prévention » du secteur de la santé en diminuant la consommation de certains produits sucrés, gras, ultratransformés ou alcoolisés. Cette transformation des régimes alimentaires s'inscrit dans la lignée des recommandations nutritionnelles formulées par de nombreux experts, dont le Haut Conseil de la santé publique[1]. Il s'agit d'une assiette moyenne laissant place à de nombreuses déclinaisons de régimes et pouvant s'adapter aux besoins physiologiques particuliers de certaines personnes (enfants,

1. Avis relatif aux objectifs de santé publique quantifiés pour la politique nutritionnelle de santé publique (PNNS) 2018-2022.

femmes enceintes, personnes âgées ou nécessitant des régimes spéciaux, etc.).

Réduire les pertes et le gaspillage. Cet objectif est déjà bien intégré dans la plupart des projets de transition du système alimentaire. Nous proposons de le renforcer afin de viser une division par quatre des pertes et des gaspillages alimentaires à l'horizon 2050.

Pour y parvenir, des mesures doivent être prises à tous les niveaux, de la production à la consommation. Les emballages alimentaires superflus doivent disparaître et la consigne doit être généralisée pour le reste. Une réflexion plus large sur la résilience des filières alimentaires à des perturbations sur les approvisionnements en emballages serait par ailleurs fort importante à mener.

Mettre fin à la déforestation importée. La production de marchandises agricoles ou alimentaires destinées à l'exportation est un facteur de déforestation majeur dans toutes les grandes forêts de la zone équatoriale. Les principales productions concernées sont le soja, l'huile de palme, le cacao et les crevettes.

L'autonomie de l'élevage par rapport aux importations de soja, la production locale de biocarburants et la réduction de la consommation de produits animaux et de produits ultratransformés permettent déjà de baisser la demande française pour ces produits. Un devoir de vigilance doit néanmoins être scrupuleusement appliqué sur l'ensemble des importations afin de garantir qu'elles ne contribuent pas à la déforestation dans leurs pays d'origine : le PTEF propose la mise en place d'un étiquetage obligatoire sur tous les produits transformés.

PRODUITS DU TERROIR
PLAT DU JOUR
SPAGHETTI DÉCARBO !

Après la transformation

L'agriculture s'est diversifiée, elle a gagné en autonomie, elle utilise moins de ressources, elle a réduit ses émissions de GES et restauré de nombreux écosystèmes.

La production globale a diminué, en particulier sur les produits animaux et les végétaux de grandes cultures, mais la disponibilité alimentaire a augmenté car la réduction des productions animales a réduit la concurrence avec l'alimentation humaine. Cela permet de nourrir une population croissante et d'augmenter le solde exportateur à destination des pays dont la sécurité alimentaire est la plus menacée par le changement climatique.

Les émissions directes de l'agriculture ont diminué de plus de moitié, essentiellement du fait de la réduction du cheptel ruminant et de la fertilisation azotée. L'empreinte carbone totale de l'alimentation a diminué d'un facteur 3 à 4, selon le niveau de décarbonation des autres activités amont et aval.

Les besoins en transport et en intrants ont diminué, notamment grâce à la relocalisation des ressources naturelles et au recyclage des nutriments.

Côté énergie, l'agriculture est devenue productrice nette de carburants et de combustibles, en convertissant une partie de la biomasse produite sur les fermes. Cette production d'énergie ne concurrence pas l'alimentation car la biomasse utilisée est soit issue de cultures non consommables (pailles, couverts végétaux), soit d'huiles végétales associées à la production d'aliments pour les animaux d'élevage (tourteaux).

Autre bénéfice de cette transformation, la restauration des paysages, la diversification des cultures et la diminution des intrants permettent à la biodiversité de se reconstruire. Les pollutions agricoles diminuent, et avec elles le coût de traitement des eaux et des maladies professionnelles. La santé de la population s'améliore également grâce à un régime plus équilibré.

Côté agriculteurs, l'adoption généralisée de pratiques agro-écologiques se traduit par une baisse des achats d'engrais, de pesticides, d'aliments pour animaux, de dépenses vétérinaires ou d'énergie. Les volumes produits décroissent, mais les prix payés aux agriculteurs augmentent. De nouveaux modèles capitalistiques tels que le portage foncier permettent l'installation et améliorent la situation économique des agriculteurs.

Côté consommateurs, l'augmentation des prix payés aux producteurs a un impact modéré sur le budget. En assurant que l'essentiel de la valeur supplémentaire associée aux nouvelles pratiques agricoles revienne aux producteurs, une augmentation de 1 % du budget pour les produits végétaux suffirait pour que le prix payé aux agriculteurs augmente de 14 %. Pour les produits animaux, cette augmentation serait de 7 % pour un doublement du prix payé aux producteurs.

7

Le fret

Le secteur aujourd'hui

27 tonnes transportées sur 200 km par Français et par an[2]

9 % des émissions nationales de GES[1]

465 000 c'est **le nombre d'emplois** dans le transport de biens essentiels (nourriture, médicaments, vêtements, etc.)

89 % des marchandises transportées par la route (contre 34 % en 1960)

9 % des marchandises transportées en train

2022-2027 : les leviers pour décarboner

- Électrification des camions (batteries, réseau d'autoroutes électriques), réduction de la consommation (aérodynamisme, vitesse réduite)
- En zone urbaine : mutualisation des flux de marchandises, création d'un système de cyclologistique
- Report du routier longue distance vers le train et le transport fluvial
- Remplissage des véhicules optimisé
- Formation de tous les acteurs du fret aux enjeux climat-énergie
- Création d'un ministère de la Logistique et mise en place d'échelons de gouvernance locaux
- Adaptation des infrastructures au changement climatique

La transformation à horizon 2050

Transport fluvial **x 3**
Transport ferroviaire **x 2**
Demande **- 25 %**

Résilience

Électrification complète du routier
\+ Priorité en ville à la cyclologistique
\+ Infrastructures logistiques centrées sur le fer et le fleuve
= **Réduction de la dépendance du secteur aux énergies fossiles**

Emploi

Le nombre d'emplois baisse dans le transport routier **(- 112 000 ETP)**
Il augmente dans la cyclologistique **(+ 110 000 ETP)**, le ferroviaire et le fluvial **(+ 16 000 ETP)**

[1] GES = gaz à effet de serre
[2] 200 km = distance moyenne parcourue par une marchandise en France

État des lieux.
Un secteur décisif, dominé par le camion

Le fret n'est pas le premier secteur auquel on pense quand on parle de réchauffement climatique. Pourtant, le secteur du transport en général – passagers et marchandises – est le plus émissif de CO_2 en France, avec plus de 30 % des émissions[1], dont deux tiers pour les passagers et un tiers pour les marchandises. Plus précisément, 9 % des émissions de CO_2 du pays viennent du fret.

Depuis 1990, le secteur des transports est le seul à ne pas avoir réduit ses émissions en France. Au niveau mondial, les projections parlent d'une croissance du transport de 2 % par an[2], tandis qu'en France les livraisons de l'e-commerce aux particuliers pourraient poursuivre leur très forte croissance des quatre dernières années, de l'ordre de 9 % par an[3].

Le transport de marchandises se fait de plus en plus par la route, dont la part de marché est passée de 34 % en 1960 à près de 90 % aujourd'hui[4]. Sur la même période, la part des transports ferroviaires et fluviaux a baissé de 56 à 9,6 % et de 10 à 1,9 %, respectivement. Pour atteindre les objectifs de la Stratégie nationale bas carbone, à savoir une diminution de 28 % du CO_2 émis par le secteur d'ici 2030 et une décarbonation totale pour 2050, ainsi que pour réduire

---

1. *Transport de marchandises. Se donner les moyens d'une transition nécessaire*, rapport d'information du Sénat, 21 mai 2021.
2. *Projections de la demande de transport sur le long terme*, analyse Théma du MTE, juillet 2016.
3. Fevad, chiffres du e-commerce, 2020.
4. A. Bigo, *Les Transports face au défi de la transition énergétique*, thèse, septembre 2020.

sa dépendance aux énergies fossiles, les efforts à entreprendre sont considérables.

Le fret n'est pas un secteur « optionnel ». Nous avons vu durant la pandémie à quel point le transport de masques et d'autres équipements médicaux était critique, et en quoi les livraisons aux magasins et aux particuliers étaient importantes pour que les services basiques de notre société (se nourrir, se soigner) puissent perdurer.

Il faut aussi avoir en tête que ce secteur s'inscrit dans le cadre plus large des activités de la logistique, qui comprennent certes l'acheminement physique des marchandises, son organisation et son pilotage, mais aussi leur entreposage, la manutention et la gestion des unités d'emballage.

Les marchandises n'ayant pas de jambes, elles devront continuer à être transportées – Paris, par exemple, ne dispose que de trois jours de réserves alimentaires[1]. Aucun territoire ne pouvant devenir autosuffisant, le besoin de transport de marchandises n'est pas près de disparaître. Mais comme les autres secteurs étudiés par le PTEF évoluent, on observera à la fois une baisse et une évolution géographique de la demande :

- baisse de 60 % des « tonnes kilomètres » (tkm, unité correspondant au transport d'une tonne sur un kilomètre) pour les produits agricoles, du fait d'une consommation plus locale ;
- baisse de 40 % de la vente de voitures neuves ;
- augmentation de 20 % de la durée de vie de certains objets ;
- sortie complète du charbon.

Voyons maintenant comment décarboner ce qui restera à transporter…

1. Marie-Noëlle Bertrand, « Sans approvisionnement, Paris n'a que trois jours de vivres devant lui », *L'Humanité*, 9 avril 2020.

Nos propositions pour les cinq ans à venir. Planification, territorialisation, électrification, train et transport fluvial

Un plan doit régir l'installation des bases logistiques à plusieurs échelons territoriaux, afin d'organiser les flux autour des modes sobres que sont le train et le fluvial. Les bases déjà en place développeront un plan d'action de décarbonation des flux de marchandises. Ce plan pourra conduire à ce que certains flux changent de site pour passer par le fer, le fluvial ou les autoroutes électriques, tout en maintenant, hors autoroutes électriques, des segments en camion qui seront assez courts pour être parcourus sur batterie.

Le train et le transport fluvial bénéficient de nouvelles infrastructures pour absorber le volume dû au **report modal** issu du transport routier, bien plus vorace en énergie. Par ailleurs, les cadences de transport sont réduites : priorité est redonnée au stock, afin de remplacer la course à la vitesse du « juste à temps » par la course contre le CO_2.

Cela donne un secteur où les transports longue distance ne font plus appel aux énergies fossiles. Le report modal est obligatoire en fonction de la distance et du type de produit. Priorité au train et au transport fluvial donc, et si cela est impossible (pas de voie navigable ou de chemin de fer, par exemple), le transport est opéré par poids lourds électriques à batterie pouvant être dotés d'équipements d'alimentation électrique en route, pour des autoroutes électrifiées par caténaires par exemple.

Le transport routier est complètement électrifié, avec une part plus grande de cyclologistique pour les activités de livraison et de collecte sur les derniers kilomètres. Les optimisations et les massifications se font grâce à la mutualisation des surfaces et des services ainsi qu'à la baisse des fréquences (transporter moins souvent, mais plus). Ainsi, tous les segments et tous les modes de transport sont plus remplis et donc plus efficaces !

Résultat : il est plus facile de jongler entre différents modes de transport et entre différents réseaux, sur une fréquence moindre, et avec une demande réduite du fait de la transformation des autres secteurs, le tout s'organisant dans un cadre planifié.

Priorité au train et au transport fluvial. Même sans avancée technologique, tout transport autre que routier thermique permet de décarboner. Un train de marchandises équivaut à 40 poids lourds de 40 tonnes, ce qui permet d'émettre 11 fois moins de CO_2 par tkm. Une barge « Freycinet » est équivalente à 30 poids lourds, tandis qu'une barge « Grand Rhénan » déplace autant de marchandises que 100 poids lourds, pour une division du taux d'émissions de CO_2 par tkm allant de 2 à 5[1].

Les réseaux ferrés et fluviaux sont loin d'être saturés. En gardant les infrastructures existantes, le rail peut absorber deux fois plus de marchandises et le fluvial entre deux et quatre fois plus selon les tronçons. Néanmoins, quelques renforcements d'infrastructures sont nécessaires, notamment pour contourner les « nœuds » ferroviaires sur les sites de Lille, Paris et Lyon. Cela va de pair avec une amélioration de la qualité de service, *via* le suivi des marchandises, la révision des priorités entre passagers et marchandises, et la réduction de l'impact des travaux d'entretien du réseau.

Pour accélérer le report modal vers le train et le transport fluvial, un rééquilibrage est nécessaire, avec une baisse de la vitesse autorisée de tous les véhicules routiers, y compris les poids lourds. En plus, certains transports routiers sont proscrits, selon le type de marchandises transporté et les alternatives sobres disponibles. Par exemple, le transport de vêtements ou de réfrigérateurs circulant le long d'un axe ferré devra passer par cet axe, grâce aux nouveaux pôles intermodaux qui permettront le transbordement de la marchandise

---

1. *Transport de marchandises*, rapport d'information du Sénat, *op. cit.*

du camion – ou le camion lui-même – sur le train au début et à la fin du trajet.

Nous pouvons capitaliser sur la complémentarité existante entre rail et route, en développant les terminaux de connexion intermodaux, ainsi qu'en visant un maillage territorial où une solution ferrée ou fluviale n'est jamais à plus de deux heures de route. Il faudra alors généraliser les conteneurs pour faciliter l'intermodalité.

Sur la route, des camions mieux remplis, plus gros, et qui circulent moins. Le remplissage sur la route doit être augmenté : il faut des camions plus gros et mieux remplis[1] (donc plus efficaces) et circulant moins. Cela passe par la mutualisation systématique des flux et des trajets, ainsi que par une réduction des cadences de transport, pour transporter plus et moins souvent. Ces mouvements seront accompagnés par le contrôle du taux de remplissage en mètre cube, remplaçant le contrôle en mètre carré actuellement en vigueur. Ce contrôle sera accompagné d'un suivi de la consommation à la tonne-kilomètre transportée.

Pour effectuer les livraisons urbaines, des systèmes de mutualisation des flux adaptés seront mis en place, par exemple dans des centres permettant aux livreurs de prendre en charge des marchandises de toutes origines, l'information circulant *via* une bourse du fret et des codes-barres universels. Ils pourront ainsi optimiser leurs trajets et le remplissage de leurs véhicules.

Développer la cyclologistique en ville. Dans les villes denses, la cyclologistique (triporteurs, vélos avec ou sans remorque, biporteurs, cargocycles, etc., avec ou sans assistance électrique) permet de diviser par dix la consommation d'énergie par tkm par rapport à un véhicule utilitaire léger électrique. Quelques mesures sont nécessaires pour favoriser son émergence : extension de l'infrastructure cyclable, réduction de la vitesse des autres véhicules et augmentation de la puissance maximum des cycles électriques.

1. On estime le taux de remplissage moyen à 82 % aujourd'hui.

Une partie de la voirie urbaine et des parkings doit être dédiée à la cyclologistique, *via* des *hubs* facilitant le transfert entre les camions apportant la marchandise et les cycles, qui assurent leur distribution finale.

Électrifier le transport routier. L'objectif est simple : tout ce qui roule sur la route doit être électrique. En France, un camion électrique émet cinq fois moins de CO_2 que son équivalent thermique sur l'ensemble de son cycle de vie. En termes d'investissements, il faut soutenir la filière nationale de production et de recyclage des batteries et le développement du réseau de bornes de recharge rapide. Sur les axes saturés ou dépourvus de voies navigables et de réseau ferré, l'électrification des autoroutes doit être entamée. Les véhicules électriques doivent continuer à bénéficier d'aides, et les contraintes d'émissions de CO_2 pour les poids lourds doivent être renforcées et étendues aux utilitaires légers. Lors de cette phase de transition, le *retrofit*, c'est-à-dire le changement de motorisation (avec ajout de batteries voire de caténaire) est particulièrement intéressant économiquement pour les poids lourds.

En dehors de la route, l'électrification est utile mais moins urgente. Cela passe par exemple, dans le cas du train, par le recours à des batteries embarquées là où l'électrification du réseau est difficile.

Gouvernance carbone du fret. Une gouvernance en amont dessine les orientations nationales, et veille à la cohérence de l'implantation des sites logistiques multimodaux. Cette gouvernance carbone autorise (ou pas) l'exploitation de sites selon les émissions de CO_2 induites, calculées pour les flux entrants et sortants. Elle décline cette logique depuis un nouveau ministère de la Logistique jusqu'à l'échelon régional et métropolitain.

Des labels nationaux de « transport durable » peuvent voir le jour. Ils seraient fondés sur des déclarations fréquentes, détaillées et comparables d'émissions de CO_2 par les acteurs, et suivies par une autorité, avec obligation de mettre en œuvre un plan d'action si les émissions par tkm sont au-dessus de la réglementation. Pour être fiables, les données seront envoyées automatiquement par télématique (distances, vitesse, consommations), et des capteurs spécifiques (de poids et/ou de volume) seront rendus obligatoires sur les véhicules neufs et en *retrofit*.

Les schémas régionaux et locaux existants deviennent des outils plus prescriptifs, qui permettent de développer de futures « Autorités organisatrices de fret ». Les Plans locaux d'urbanisme doivent intégrer les besoins en foncier urbain pour favoriser la mutualisation et la cyclologistique. Les initiatives de type zones à circulation restreinte ou à faible émission (où les émissions seront contrôlées à la tonne transportée), ainsi que les péages urbains seront proposés au niveau national et déclinables par territoire.

Les dirigeants d'entreprises du fret devront pour exercer obtenir une « habilitation énergie climat » : il s'agira d'une formation à la fois généraliste et appliquée au secteur, sanctionnée par un examen dont la réussite par le dirigeant sera un prérequis à l'obtention de la licence transport par l'entreprise. Désormais courante chez les chauffeurs poids lourds mais pas pour les chauffeurs d'utilitaires, la formation à l'écoconduite – laquelle permet d'économiser de l'ordre de 10 % de l'énergie consommée – deviendra un module obligatoire pour obtenir l'attestation de capacité professionnelle au transport de marchandises, avec un module théorique sur les enjeux climat spécifiques au fret.

Améliorer l'efficacité technique des véhicules. L'allégement des véhicules utilitaires légers et un meilleur aérodynamisme pour les poids lourds seront des leviers de réduction de la consommation énergétique. Un accroissement de la quantité de marchandises transportées par véhicule permettra de réduire le ratio de consommation unitaire, avec des tracteurs poids lourds à doubles remorques, ainsi que, sur les tronçons qui le permettent, des wagons ferroviaires adaptés aux conteneurs type semi-remorque (« P400 »), dont la capacité est plus importante que celle des wagons classiques.

FRAGILE
FRAGILE
T'OUTILS CUANTI
FR
FRAGILE
FRAGILE!

Après la transformation

Pour illustrer l'évolution du fret, nous avons imaginé le témoignage que voici.

Mon nom est Personne et mon travail n'a pas de valeur. C'est écrit sur les sites : « Livraison gratuite. » Mon travail est invisible. Pour une livraison de colis bien faite, la boîte aux lettres ou la consigne suffit. Le nom sur l'étiquette, la messagerie si je galère à trouver l'adresse… Pour les clients, c'est magique, un clic sur l'écran, et, quelques heures après, le colis est dans la boîte !

Mon van, c'est mon bureau : téléphone, GPS, chargeur, radio avec stations préréglées, siège réglé pour moi, clim ou chauffage comme je veux. Mon van, c'est mon confort. Par contre, les bouchons c'est la plaie. En ville, la circulation ne fait qu'augmenter, les voies rétrécissent, les excités du volant me klaxonnent quand je cherche l'adresse, les places de livraison ne sont jamais disponibles quand il faut… bref, conduire devient un enfer. Le soir, le vacarme continue à me vriller la tête.

Il y a du changement dans l'air depuis quelques semaines dans mon boulot. Maintenant, je fais de l'alimentaire. Je vois les clients, j'en revois même certains. Je peux échanger trois mots avec eux, parfois on m'offre un café ! Ils me demandent comment mon boulot va changer, avec les élections. Alors je réponds que je vais regretter mon van diesel en mode Fast and Furious *! Après, on a tous envie de mieux respirer. On veut tous que « les choses s'améliorent ».*

Certains disent que le van électrique ce n'est pas beaucoup mieux pour la planète. Pour moi, ça reste un van ! En plus, il faut le recharger tous les jours, alors que moi je fais un plein par semaine maximum. Les clients disent que l'électrique, c'est la bonne solution pour ne rien changer – commander, livrer, conduire, toujours pareil, mais pas en diesel, juste en électrique.

*

Aujourd'hui, je dois dire adieu à mon van diesel, mais mon électrique n'est pas encore arrivé ! Je suis déçue. Et furieuse : pour continuer à bosser je n'ai pas le choix – je dois livrer en vélo cargo en attendant ! Fini la radio, le chauffage, la clim. Et en plus, il faut pédaler – comme il y a cent ans ! La tête de mes clients quand ils vont me voir arriver en vélo, toute transpirante, la honte. Sans parler du danger ! Je sais comment les gens conduisent avec le trafic. OK, sur mon secteur il y a des pistes vélo dédiées et séparées, mais ce n'est pas partout comme ça. Dégoûtée, en plus j'ai un peu peur – si c'est trop lourd, si la batterie se décharge trop vite, comment je vais faire pour livrer des packs de lait ou des sacs de pommes de terre ?

Hier, j'ai vu tatie. Je lui ai dit que demain j'allais faire mes premières livraisons en vélo. « Sacré changement », elle m'a dit. J'ai appris qu'elle avait été coursière à vélo quand elle était étudiante à Londres. Elle livrait les courriers urgents avant midi. Elle m'a dit qu'elle s'était régalée. Bon, clairement elle avait peur au début : à l'époque, c'était la jungle urbaine, sans pistes cyclables, elle prenait les trottoirs dans les bouchons. Mais elle adorait la sensation de liberté que donne le vélo. D'après elle, ça pourrait être sympa pour moi…

« Donc ça y est, à peine le diesel parti à la casse, tu te mets au cyclo ! », m'a lancé la cheffe d'équipe quand je suis arrivée ce matin. Elle a dit que le vélo ça irait pour quelques jours, mais qu'à l'arrivée du van électrique, les choses sérieuses reprendront. Après, j'étais avec le formateur. Il m'a montré comment fonctionnait le vélo pour charger les courses dans la caisse, le verrouiller, utiliser la fonction « boost » pour monter la rampe et sortir du parking… Et hop, en selle !

Les clients n'ont pas vu de différence ! En discutant avec certains d'entre eux, ils ne croyaient pas que j'étais en vélo, maintenant. D'autres étaient inquiets pour moi. Ils se demandaient s'ils pouvaient commander autant que d'habitude. Je leur ai dit que je pédalais, mais qu'avec l'assistance électrique je ne sentais pas du tout le poids des courses dans la caisse. Il y en a même un qui m'a dit que si c'était écolo, alors il allait commander plus et plus souvent !

Ça m'a surprise, mais cette journée est vite passée. Je suis repassée au dépôt deux fois, car la caisse du vélo ne permet pas d'y rentrer toutes les courses de la journée, et j'ai fait quelques livraisons de moins, mais j'ai moins roulé. Quand je suis rentrée au dépôt, la cheffe d'équipe m'a dit que c'était plus rentable de livrer en vélo ! Pas sûre qu'elle plaisantait.

J'aime bien la sensation à vélo, malgré le vent et le bruit des voitures – la piste cyclable n'isole pas du bruit des voitures ! Quand je m'arrête, les gens viennent voir mon beau vélo cargo. Je ne suis pas trop mal installée, enfin rien à voir avec le van, mais à la fin de la journée je ressens de la bonne fatigue. C'est plus une fatigue comme quand on a fait du sport, pas la fatigue d'avoir été tendue toute la journée au volant.

J'ai eu l'impression d'avoir plus d'espace disponible dans ma tête, et je me suis mise à réfléchir – si la dernière livraison est faite en vélo, donc « propre » comme on dit, que se passe-t-il avant ? Les courses arrivent comment au dépôt ? Au magasin ? Dans la région ? Parce que si moi je livre à vélo c'est bien, c'est propre, mais il faudrait que ce soit comme ça sur toute la chaîne.

Le soir à table, les enfants m'ont dit qu'ils avaient étudié ça à l'école, que le mieux c'est les produits locaux, comme ça on peut utiliser des transports « propres ». Je vois l'exemple de leur potager à l'école avec les fruits et légumes pour la cantine, le reste est local ou régional. Je crois même que toutes les livraisons doivent être « propres » avec la loi de périmètre de protection des écoles.

On s'est dit que mes livraisons en vélo, ça serait la conclusion d'un beau voyage si toutes les autres parties de transport étaient faites en train, en bateau, ou avec ces camions électriques bizarres, comme des trains avec des câbles au-dessus. Au coucher, ils m'ont dit qu'ils étaient fiers de leur maman en vélo, qui amenait aux gens de quoi manger sans polluer.

Finalement, je crois que je vais peut-être laisser le van électrique à quelqu'un d'autre.

8

La mobilité quotidienne

Le secteur aujourd'hui

Chaque Français parcourt en moyenne **10 000** km par an pour ses trajets quotidiens, soit **98 %** des déplacements et **60 %** des distances parcourues

14 % des émissions nationales de GES[1]

Motifs principaux de déplacement

- **22 %** travail
- **15 %** loisirs
- **15 %** visites
- **15 %** achats

Modes de transport utilisés

- **83 %** des distances effectuées en voiture
- **11 %** en transports en commun
- **0.9 %** à vélo

2022-2027 : les leviers pour décarboner

- Regrouper les lieux d'habitat, d'achat et d'activité sur les surfaces déjà urbanisées
- Renforcer la qualité de la desserte en transports en commun et créer des liaisons express
- Sécuriser la pratique de la marche, du vélo et des autres cycles légers
- Simplifier l'enchaînement des modes de transport de longue distance et des modes de proximité
- Faciliter l'usage des vélos à assistance électrique et des véhicules de petite taille
- Favoriser par le système réglementaire et fiscal les pratiques alternatives à la voiture en solo

La transformation à horizon 2050

- 85 % de demande en énergie

Résilience

Réduction de la place de la voiture dans la société :

› la voiture classique n'assure plus que **35 %** des distances parcourues ;

› le reste est assuré par les microvoitures, les cycles, les transports en commun et la marche

La dépendance du secteur aux énergies fossiles est fortement réduite

[1] GES = gaz à effet de serre

État des lieux. La résistible domination sans partage de l'automobile

La mobilité locale, définie par les déplacements inférieurs à 80 kilomètres, représente 98,7 % des déplacements de personnes en France, et 60 % des distances parcourues.

Elle constitue un enjeu central pour la décarbonation, si on considère que le secteur des transports, très dépendant du pétrole, émet à lui seul un tiers des gaz à effet de serre (GES) de la France : avec 44 % des émissions du secteur des transports (voyageurs et marchandises confondus) **la mobilité locale est responsable d'environ 14 % des émissions nationales**.

La mobilité locale est en large partie liée à des motifs de déplacement réguliers, comme le travail (22 % des déplacements) et les achats (15 %).

Pour ce qui concerne les modes de transport utilisés, **65 % des déplacements locaux sont réalisés en voiture, pour 83 % des distances parcourues**. Les transports en commun ne représentent que 8 % des déplacements, et le vélo seulement 3 %.

La voiture est très utilisée même dans les déplacements courts : elle assure **55 % des trajets inférieurs à 7 kilomètres**, trajets qu'il serait possible de réaliser à vélo ou à pied… si les conditions de pratique de ces modes de déplacement étaient réunies.

Les voitures (et dans une bien moindre mesure les véhicules utilitaires légers) sont responsables de la quasi-totalité des émissions liées aux déplacements quotidiens.

Émissions de GES du transport
de personnes et de marchandises en France

Estimation 2019, mobilité des Français y.c. à l'international,
transport intérieur de marchandises

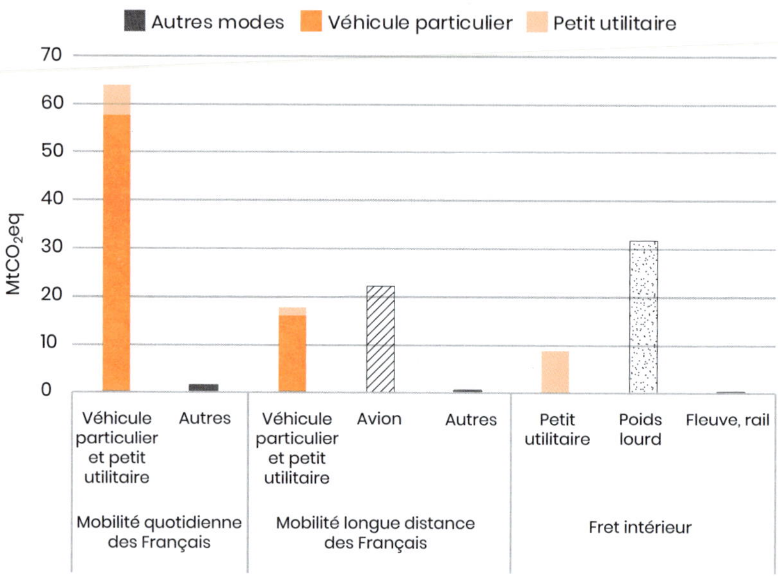

Nos propositions pour les cinq ans à venir. Développer des alternatives qui n'opposent pas fin du monde et fins de mois

Réduire les kilomètres parcourus : la décarbonation et l'évolution des modes de vie. Depuis les années 1960, les distances parcourues par les personnes en France ont été multipliées par 4,7[1]. Il est nécessaire de renverser la tendance pour réduire l'impact climatique et environnemental de la mobilité.

---

1. A. Bigo, « How to explain the past trends in transport CO_2 emissions in France ? A decomposition analysis for the 1960-2017 period », Working paper, Chair Energy & Prosperity, juillet 2019.

Le développement d'un « urbanisme des courtes distances » est le levier fondamental pour agir sur la mobilité locale. Il s'agit de mettre à portée de vélo ou de marche à pied l'essentiel des destinations du quotidien. Les programmes nationaux de soutien à la revitalisation des centres-villes sont des outils efficaces, à condition d'être associés à des obligations pour les territoires qui en bénéficient de stopper l'artificialisation des sols et de créer des lieux d'activité ou d'achat de proximité.

Le développement urbain doit avoir lieu sur les surfaces déjà urbanisées. Le besoin de trouver des espaces de détente, de loisirs, de jeu et de contact avec la nature doit être satisfait en zone urbaine par la valorisation des espaces publics et des éléments naturels (berges de fleuve, littoral, bois, prés, etc.) situés à l'intérieur de la ville.

L'évolution de l'urbanisme doit permettre de modifier la structure des déplacements. C'est un instrument puissant, mais lent à mettre en œuvre. Ses effets se feront essentiellement sentir à moyen et long terme. Cependant, dès maintenant, cette évolution de l'organisation de la ville réclame une définition concertée des objectifs, un suivi de leur atteinte ainsi qu'une programmation précise.

Le télétravail est un autre levier d'action intéressant, bien qu'il soit réservé à des catégories spécifiques d'emplois. Pour que son effet sur la décarbonation soit positif, il est nécessaire de prévenir ses potentiels « effets rebond ». Le télétravail peut en effet encourager un éloignement entre les entreprises et des salariés, susceptible finalement d'aboutir à des déplacements plus longs. Pour les longues et moyennes distances, cet effet rebond peut être partiellement canalisé vers le train, celui-ci pouvant inciter à s'installer dans les centres des petites et des moyennes villes, et contribuer ainsi à leur revitalisation.

Favoriser le report vers des modes de transport moins émissifs : agir conjointement sur le développement de l'offre de transport, sur la contrainte réglementaire et sur la fiscalité. Chaque mode de transport serait privilégié en fonction des distances, soit approximativement :

- la marche pour les déplacements allant jusqu'à 4 kilomètres ;
- le vélo jusqu'à 7 kilomètres et le vélo à assistance électrique jusqu'à 15 kilomètres ;
- les microvoitures (quadricycles électriques légers de type Citroën AMI ou Renault Twizy) pour les déplacements allant jusqu'à 30 kilomètres ;
- les transports en commun pour les distances à partir de 4 kilomètres en zone urbaine et sur les axes les plus fréquentés ;
- la voiture sobre (voir « 10. L'automobile ») pour les autres déplacements, pour transporter plusieurs personnes ou des charges volumineuses.

Pour approcher cet idéal, il est nécessaire en premier lieu de développer les infrastructures nécessaires[1]. Il faut d'abord rendre partout la pratique de la **marche possible et... agréable**. De même, la pratique du vélo et celle des autres cycles légers (vélo à assistance électrique, vélo cargo, etc.) doivent être facilitées en investissant dans des « **systèmes vélo** ». Adaptant les infrastructures aux diverses caractéristiques de la route, ces systèmes sont composés, au minimum, d'un réseau cyclable permettant d'arriver à destination en toute sécurité, mais aussi de stationnement et de services d'entretien et de réparation. Investir dans le vélo n'est bien souvent guère coûteux, et peut conduire à alléger significativement les budgets mobilités : ici tout particulièrement, pas besoin d'opposer fin du monde et fins de mois.

La qualité de la desserte en transports en commun doit être renforcée là où il y a suffisamment de fréquentation, en prévoyant des services de transport réguliers, confortables, avec des informations simples d'accès pour l'ensemble des publics.

1. Laura Foglia, *Guide pour une mobilité quotidienne bas carbone. Vers un système cohérent d'alternatives à la voiture en solo dans les zones de moyenne densité*, The Shift Project, 2020.

Il faut encourager le covoiturage de courte distance, dont le développement reste limité par des freins importants. Il existe divers systèmes efficaces de mise en relation entre les utilisateurs situés sur un même axe routier, travaillant dans la même entreprise ou sur le même site. Il est aussi possible de prévoir des avantages pour les « covoitureurs », comme par exemple des places de stationnement plus proches ou bien des avantages financiers.
L'utilisation combinée des modes de transport de plus longue distance (train, car interurbain) et des modes de transport locaux doit être largement facilitée. Les gares, proches des centres habités, doivent permettre un accès commode pour les vélos et les transports en commun, bien sûr, mais aussi proposer des services de covoiturage, d'autopartage et de transport à la demande. La tarification doit être simple pour faciliter le passage d'un mode à un autre.
L'usage de l'ensemble des vélos à assistance électrique et des microvoitures en substitution à la voiture doit aussi être favorisé grâce à des aides modulées en fonction des situations financières et du degré de dépendance à la voiture (situation familiale, distance au travail, etc.). Transitoires, ces aides peuvent favoriser une transition rapide privilégiant les véhicules légers. Des bornes de recharge doivent évidemment être prévues partout où c'est pertinent. Les microvoitures électriques sont également plus abordables et moins coûteuses en entretien que les voitures classiques ; les coûts d'assurance sont moins élevés ; le permis de conduire dans sa forme actuelle n'est plus indispensable.
Au total, l'ensemble des aménagements urbains doivent **orienter vers des modes alternatifs à la voiture au quotidien, en particulier à la voiture en solo, et aux automobiles les plus lourdes**.
Fiscalité et réglementation doivent envoyer le même message. Cela passe par des mesures visant explicitement à **réduire l'intérêt d'acheter, de posséder et d'utiliser de grosses voitures** (voir « 10. L'automobile »). En entreprise, le système d'indemnités kilométriques doit être revu, puisqu'il incite pour

l'heure à utiliser des véhicules lourds et puissants, par exemple avec des indemnités fixes, et qui ne dépendent pas du type de véhicule. Le principe de la voiture de fonction doit être remplacé par des flottes d'entreprise constituées de véhicules légers, ainsi que par des incitations à l'utilisation des transports en commun, du vélo et du covoiturage.

La logique d'ensemble doit être adaptée aux caractéristiques de chaque territoire. En effet, les problématiques de mobilité ne se présentent évidemment pas de manière identique selon qu'il s'agit de territoires plus ou moins densément urbanisés, situés en montagne ou à la campagne. **Elle doit aussi être assortie d'aides destinées aux ménages les plus modestes**, pour les accompagner dans la transition.

Après la transformation

Dans la banlieue où l'on habitait, on devait faire de longs trajets pour tout. Pour aller travailler, je me levais tôt pour éviter les bouchons, mais le soir je mettais jusqu'à une heure et demie pour rentrer. Ma femme prenait les transports en commun, une heure et quart par trajet, des fois beaucoup plus si elle ratait la correspondance avec le bus. Le week-end on s'échappait loin, pour profiter de la nature.

Du coup, quand on a eu notre deuxième enfant, on a décidé de déménager. La ville où on a atterri compte près de 50 000 habitants. Son aménagement a été totalement repensé dans les années 2020. Il y a plein de belles places publiques ombragées, et beaucoup d'espaces de détente, de loisirs et de jeux pour les enfants. On était passés voir des amis qui étaient venus vivre ici, et ça nous avait beaucoup séduits. C'est pourquoi on a tout de suite cherché ici.

On a préféré s'installer en centre-ville, au lieu d'acheter un pavillon à la campagne. Les prix au mètre carré ne sont plus si différents – les pavillons sont hors de prix ! – et ici on peut tout faire à pied ou à vélo : depuis la piétonnisation du centre-ville et l'arrivée de beaucoup

BRIC À VRAC'
VÉLO
merci !

de familles comme nous, les commerces se sont réinstallés, et nous allons faire nos courses au marché des fermiers le samedi. Finalement, même le week-end on ne sort pas trop de la ville, on va souvent sur les berges du fleuve, où il y a maintenant une belle promenade boisée et des guinguettes avec musique et jeux pour les enfants. On peut même se baigner depuis que l'eau est redevenue propre, mais il faut faire attention aux péniches qui passent souvent. De temps en temps, on va à la réserve naturelle avec la navette électrique, ou sinon on prend le train pour visiter d'autres villes.

Il y a beaucoup moins de voitures que dans notre ancienne banlieue : avec le nouveau plan de circulation, on traverse la ville très facilement et directement à vélo. Le stationnement en surface est quasiment exclusivement réservé aux vélos et aux personnes à mobilité réduite ; pour les autres il y a le stationnement payant souterrain.

Il faut dire qu'on ne voit plus beaucoup de grosses voitures en ville, depuis qu'elles sont devenues aussi chères. Tant mieux, parce que du coup, on peut marcher ou aller à vélo tranquillement, et les enfants peuvent aller seuls à l'école.

Ma femme a trouvé un travail dans la ville voisine, elle prend le train pour y aller. C'est pratique, avec un train toutes les 10 minutes à l'heure de pointe, et on peut même charger son vélo ou le laisser dans le stationnement sécurisé de la gare, beaucoup de gens le font maintenant. (Marc, 44 ans, professeur de musique à Chalon-sur-Saône.)

*

Avant, je prenais toujours ma voiture. Je ne pouvais pas faire autrement !

Je travaille pas loin de chez moi, 6 kilomètres environ, mais il faut emprunter la nationale. Avant, c'était juste pas envisageable en vélo. Du coup, je prenais ma voiture tout le temps : pour aller faire les courses au centre commercial le long de la nationale, pour déposer les enfants avant d'aller au travail, et pour partir en week-end avec la famille. Je l'utilisais aussi beaucoup pour les déplacements professionnels, et, comme c'était un SUV, je recevais chaque mois des indemnités kilométriques plutôt importantes de ma boîte, c'était assez confortable ! Quand j'ai essayé le vélo à assistance électrique à la semaine de la mobilité, j'avais plutôt en tête de l'utiliser pour faire un peu plus de sport les week-ends, parce qu'avec le temps j'ai pris quelques kilos... Il y avait plein de modèles au stand de la communauté de communes. J'ai décidé de l'essayer pour trois mois, pour voir.

C'est à ce moment-là que mon entreprise nous a proposé de faire le bilan des émissions de nos déplacements professionnels et personnels. Je croyais être plutôt bon, parce qu'avec ma famille on passe toujours nos vacances en France, entre la Bretagne et les Cévennes, et on ne prend pratiquement jamais l'avion. Du coup, j'ai été surpris d'apprendre que mon bilan était aussi mauvais !

La DRH m'a expliqué que si j'utilisais mon vélo électrique pour venir au travail tous les jours, non seulement j'améliorerais beaucoup mon bilan d'émissions (et je serais en meilleure forme !) mais aussi que la moitié de mon abonnement serait prise en charge par mon entreprise. Je me suis renseigné auprès de la communauté de communes : la location longue durée pour ce vélo reviendrait à 370 euros par an (dont j'aurais à payer la moitié), alors que ma voiture me coûtait déjà près de 5 000 euros par an, même avant l'augmentation des prix du carburant ! Bref, le calcul était vite fait.

Pour permettre aux salariés de venir en vélo (électrique ou non), mon entreprise a installé un stationnement vélo sécurisé avec des bornes de recharge juste en face de l'entrée, et même des douches. Depuis que l'agglo a construit une piste cyclable le long de la nationale, je vais au travail tous les jours en vélo. De toute façon, je ne dépose plus mes enfants, qui maintenant sont grands et vont au lycée en bus. Et chez moi, je laisse le vélo dans les consignes sécurisées de la ville, ils en ont mis un peu partout, presque à chaque coin de rue.

Après quelque temps, je me suis décidé à faire le grand pas : j'ai vendu ma voiture !

Pour mes courses de la semaine, je loue une des voitures électriques mises à disposition par la commune. Souvent, j'y vais avec mon voisin, ou je fais les courses pour lui. Mais je vois de plus en plus de gens aller au supermarché en vélo cargo, un de mes collègues le fait et trouve ça très pratique avec l'assistance électrique. Pour les petites courses, je vais à la supérette du centre, qui propose des produits du coin. Il y a aussi un excellent fromager ! Je les connais bien désormais, c'est sympa d'échanger quelques mots. (Laurent, 49 ans, beau-frère de Marc, cadre administratif à Nevers.)

9

La mobilité longue distance

Le secteur aujourd'hui

Chaque Français fait **6,3** voyages de plus de 80 km par an, soit **8 500** km en moyenne

9 % des émissions nationales de GES[1]

32 %	pour des visites de proches
27 %	pour des vacances
20 %	pour le travail
21 %	autres

85 % des distances sont effectuées en avion ou en voiture

Le train représente **12 %** des distances, alors qu'il émet **40 fois moins** que la voiture

L'avion long-courrier représente **2 %** des voyages, alors qu'il émet **1/3** des GES du secteur

2022-2027 : les leviers pour décarboner

- Mise sur le marché de voitures électriques, économes et peu puissantes, vitesse limitée sur autoroute
- Équipements touristiques adaptés pour le train + réseau transversal et trains de nuit développés à travers l'Europe
- Vols long-courrier moins nombreux Vols courts interdits si trajet équivalent en train de moins de 4 h 30
- Appui au tourisme local et bas carbone par les collectivités et le ministère du Tourisme
- Déplacements des salariés rationalisés par les entreprises
- Adaptation au changement climatique des réseaux de mobilité

La transformation à horizon 2050

Trafic ferroviaire entre 2020 et 2050	**x 3**
Distances parcourues en voiture	**- 20 %**
Distances parcourues en avion	**- 35 %**

Résilience

Consommation d'énergie réduite de **70 %** soit **- 3,1 %** par an d'ici 2050

Dépendance aux carburants liquides réduite de **88 %** à **24 %**

Emploi

Au total, le nombre d'emplois reste stable : baisse dans l'aérien compensée par la hausse dans le ferroviaire

[1] GES = gaz à effet de serre

État des lieux.
La mobilité longue distance aujourd'hui : la voiture et l'avion archidominants

Le transport des marchandises et celui des voyageurs font partie des secteurs les plus dépendants au pétrole. Ils totalisent en 2019 77 % de la consommation finale de produits pétroliers en France[1]. La mobilité de longue distance recouvre les déplacements des Français à plus de 80 kilomètres à vol d'oiseau de leur domicile, les déplacements internationaux et les déplacements comportant au moins une nuitée hors du domicile.

Répartition des voyageurs par mode de transport et par distance, en millions de voyages annuels

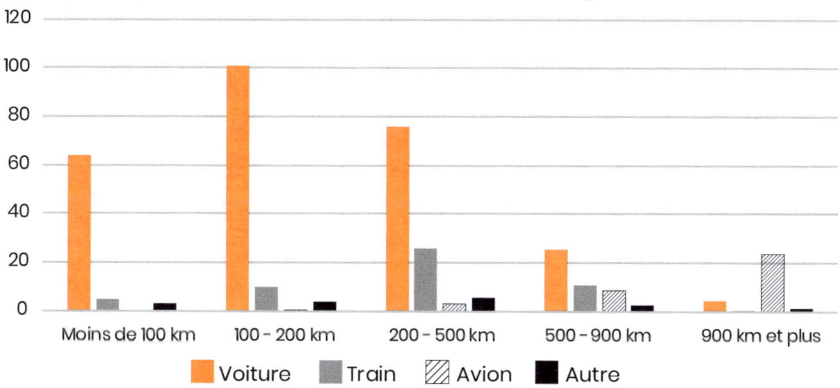

1. Bilan des transports en 2019 de la Commission des comptes transports de la Nation, donnée de base en millions de tep.

Contrairement à la mobilité quotidienne, elle recouvre une majorité de déplacements choisis. Pour beaucoup de ces déplacements, la notion de voyage, de découverte, d'aventure et de vacances est prépondérante. Et elle nous emmène loin !

Chaque Français réalise en moyenne 6,3 voyages de longue distance chaque année, selon l'Insee. Ces voyages se répartissent selon trois principaux modes de transport : l'air, la route et le train.

L'avion est bien sûr dominant sur les plus longues distances, la voiture individuelle règne sur les distances inférieures à 500 kilomètres. Le train réalise ses meilleurs scores sur les distances moyennes, comprises entre 200 et 900 kilomètres.

Quelles issues pour un secteur totalement accro au pétrole ?

Nous estimons que la mobilité de longue distance des résidents français, tous modes de transport confondus, émet 41 $MtCO_2eq$ par an. Ces émissions sont dues pour 44 % aux déplacements en voiture, qui assurent les trois quarts des voyages, pour un tiers aux vols long-courriers, qui ne représentent pourtant que 2 % des voyages, et pour un peu moins d'un quart aux autres vols. Les 15 % de voyages faits en train ont un impact carbone négligeable.

Pour contribuer comme les autres secteurs à l'objectif de neutralité carbone, la mobilité de longue distance doit elle aussi baisser ses émissions de gaz à effet de serre (GES) à un rythme d'au moins 5 % par an. D'ici 2050, c'est une division par 5 de ces émissions qu'il faut au minimum viser.

De plus, parce que nous savons qu'il sera difficile de produire de grandes quantités d'énergie décarbonée[1], nous avons cherché dans nos projections à limiter au maximum les besoins en énergie en

---

1. Le fonctionnement d'ensemble de l'économie risque en particulier de faire apparaître une contrainte forte sur les consommations de carburants liquides décarbonés (voir « 4. L'énergie »).

général, et en carburants liquides en particulier (essence et diesel bien sûr, mais aussi agrocarburants).

Les secteurs « amont » devront naturellement faire leur part, notamment *via* la production et la maintenance des véhicules, afin qu'ils soient plus légers et qu'ils durent plus longtemps (voir « 10. L'automobile ») et *via* la production et la maintenance d'infrastructures adaptées.

Nos grandes propositions pour les cinq ans à venir

Les solutions techniques ne suffiront pas à rendre la mobilité longue distance sobre en énergie et en carbone. Il n'y aura certainement jamais de gros avions électriques. La Terre est trop petite et trop fragile pour fournir suffisamment d'agrocarburants à tous les secteurs qui comptent sur eux. Enfin, il est douteux que d'ici une génération, l'hydrogène « vert » réponde à davantage qu'une portion mineure des besoins. En conséquence, c'est sans doute dans le domaine des voyages plus ou moins lointains qu'un changement d'habitudes se révèle être tout particulièrement nécessaire. Il nous faut renoncer à certains usages pour en découvrir d'autres. Cela ne veut pas dire que la qualité de nos voyages en sera amoindrie. En revanche, la fréquence et la distance de ces voyages devront certainement être réduites. Ce qui concerne en premier lieu les gens les plus riches, ceux qui voyagent le plus et le plus loin.

Notre plan combine les leviers suivants : planification, priorité au train, électrification de la voiture, décarbonation et sobriété pour l'avion.

Développer une planification pour une gouvernance carbone du tourisme et des infrastructures de transport. La planification, en premier lieu, s'applique au secteur du tourisme, premier générateur de déplacements de longue distance, et à celui des infrastructures de transport. Nous avons la chance de vivre dans un pays offrant une grande variété de paysages, de cultures, de gastronomies et d'activités. La transition bas carbone est une excellente occasion de le (re)découvrir.

L'État jouera dès le prochain quinquennat un rôle moteur de promotion du tourisme en France auprès des Français, et permettra aux différents échelons territoriaux d'intégrer pleinement les flux touristiques dans leur planification bas carbone.

L'adaptation des infrastructures aux risques climatiques sera aussi primordiale. Elle doit être planifiée dès maintenant, aux niveaux français et européen pour les réseaux routier et ferroviaire, au niveau mondial pour les aéroports. Les gestionnaires de ces infrastructures de long terme doivent suivre une stratégie d'amélioration en continu de la résilience des réseaux à des intempéries ou à des conditions climatiques extrêmes. Pour le développement du réseau ferré, qui est appelé à accueillir plus de trafic, on intégrera à la stratégie d'investissement la nécessité de disposer d'itinéraires alternatifs pour aller d'un point A à un point B.

Faire du train le mode privilégié des déplacements longs en métropole et en Europe. La priorité au train doit être affirmée en apportant aux acteurs de la filière soutien et visibilité. Le système ferroviaire est très sobre en énergie comparé au routier et à l'aérien, et déjà quasi complètement électrifié pour les trajets longue distance en France. Le train devra assurer une part bien plus grande de nos voyages : nous tablons sur une multiplication par 3 du trafic ferroviaire en trente ans sur les trajets de plus de 80 kilomètres. L'État et les régions ont un rôle clé à jouer, dans un secteur où les opérateurs doivent investir sur le long terme, avec des rémunérations traditionnellement faibles. Outre le réseau ferré, les installations fixes de garage et de maintenance du matériel ferroviaire doivent aussi être améliorées et leur capacité adaptée à un trafic en forte croissance.

La plupart des lignes reliant Paris aux métropoles régionales bénéficieront d'une double offre, à grande vitesse et par ligne classique, aussi bien de jour que de nuit. La diversité des offres permettra à chaque voyageur de trouver la qualité de service qui lui convient.

Les trafics par train classique seront en forte croissance. Ces trains classiques feront la part belle à l'embarquement des vélos. Les liaisons transversales, aujourd'hui mal desservies, seront revitalisées.

Pour les trafics à grande vitesse, le développement se fera selon deux axes :

- La mise en service de trains à grande capacité et à tarifs très abordables sera associée à un ensemble de services pour que les voyageurs puissent effectuer avec facilité les derniers kilomètres avant le départ et à l'arrivée.
- De nouvelles destinations seront directement desservies en Europe, et là encore les dessertes transversales et les dessertes des villes moyennes se développeront, en offre de jour et de nuit. Cela nécessitera l'engagement de l'État à dimensionner le réseau ferré à la hauteur des ambitions de desserte (avec par exemple le doublement de la ligne à grande vitesse Sud-Est, reliant Paris à Lyon).

La part de marché du train par rapport à l'avion est aujourd'hui en France l'une des plus élevées d'Europe. Sur les liaisons domestiques de moins de quatre heures, le train est déjà préféré à l'avion dans 85 % des cas[1]. Et sur les ultimes liaisons aériennes importantes entre grandes villes (Paris-Toulouse et Paris-Nice), les projets de lignes ferroviaires nouvelles décidés par l'État favoriseront le train.

En métropole c'est donc surtout les utilisateurs de la voiture que les nouvelles offres ferroviaires devront séduire.

Électrifier le parc automobile. Le parc de voitures vise une complète électrification et une sobriété énergie-matière (réduction de la puissance et de la masse, aérodynamisme) décrites dans le chapitre sur l'industrie automobile. Le rythme d'électrification sera tributaire de ventes de voitures neuves moins nombreuses qu'aujourd'hui. Cette transformation du parc automobile s'accompagnera d'une baisse des

1. Rapport sur le transport ferroviaire en 2019 par l'Autorité de régulation des transports.

vitesses limites sur les autoroutes : une mesure de sobriété indispensable à la cohérence d'ensemble, pour ne pas encourager l'achat de voitures puissantes, favoriser le train et réduire la consommation des voitures électriques tout en limitant les besoins de charge au cours du voyage.

Nos autoroutes changeront également d'aspect, avec l'installation de systèmes d'électrification par caténaires dont, tout comme les camions, les autocars pourront profiter.

Décarboner le transport aérien et accompagner la sobriété sur les voyages très lointains. Le trafic aérien devra être contraint pour respecter le budget carbone mondial[1], car la disponibilité des carburants liquides décarbonés sera nécessairement contrainte. La quantité de carburant liquide consommée chaque année par les compagnies sera plafonnée par réglementation, limitant le nombre de vols, particulièrement long-courrier, qu'elles proposeront.

Un effort de sobriété sur les voyages très lointains, incontournable, devra alors peser sur les déplacements qui peuvent paraître les moins indispensables. Pour ceux qui prennent régulièrement l'avion aujourd'hui, la manière de penser le voyage, et de voyager, se transformera progressivement. De nouvelles offres inciteront aux voyages lointains plus lents et plus longs. La gestion des congés, notamment sans solde, devra être assouplie pour faciliter ces mouvements.

Les voyages professionnels en avion seront enfin réduits grâce à un recours accru à la visioconférence. L'impact devrait toutefois rester relativement limité, car tous les motifs de déplacement professionnel ne peuvent être concernés.

Du point de vue technique, la décarbonation des avions s'amorce avec le développement de ruptures technologiques et industrielles, notamment un déploiement dès 2040 des avions à hydrogène

---

1. Le trafic aérien mondial devra baisser d'environ 35 % entre 2019 et 2050 sous des hypothèses technologiques raisonnablement optimistes, et plus si les innovations technologiques et leur diffusion massive prennent du retard ou si les contraintes écologiques pesant sur la production d'agrocarburants sont plus fortes que prévu (*Pouvoir voler en 2050*, Supaéro Décarbo/The Shift Project, 2021).

lorsque c'est techniquement envisageable, c'est-à-dire sur les vols courts voire moyen-courriers. Les long-courriers décollant ou atterrissant en France auront recours aux agrocarburants ou aux carburants de synthèse dans la limite des capacités de production agricoles et industrielles disponibles en France, et de la demande en biomasse des autres secteurs (biogaz, bois combustible…). Si les limites techniques et écologiques au déploiement de ces solutions se révèlent plus sévères que prévu, le trafic aérien devra être d'autant plus contraint. Ces ruptures technologiques et industrielles ne peuvent avoir lieu sans leur programmation et le financement de recherches dès le prochain quinquennat.

Le monde après transformation

Le grand chassé-croisé, c'est dans les gares et c'est facile. Depuis la fin des années 2020, les voyages se font prioritairement en train, solution dont la pertinence a été renforcée par un ensemble de services qui facilitent un voyage porte à porte de la famille – ou des professionnels en mission – et de leurs bagages. Et tout cela à prix très abordable.

Les correspondances sont faciles et l'achat d'un titre de transport combiné se fait sans problème depuis tous les points de vente.

En été, les familles ont régulièrement recours à ces offres « tout compris » pour se déplacer vers leur lieu de vacances, qu'il s'agisse de leur maison secondaire, d'un camping ou d'un village de vacances sur la côte. Une navette vient les chercher à leur domicile pour aller à la gare, elles prennent le train, éventuellement avec quelques connexions, puis à la gare d'arrivée une petite voiture électrique de location les attend, ou bien une navette les amène dans leur lieu de villégiature. Tout au cours de ce voyage, les bagages sont pris en charge, du domicile jusqu'au coffre de la voiture de location ou jusqu'au lieu de villégiature.

LILLE - HAMBOURG
20H32
HAMBOURG
LILLE
SANITAIRES
FAUTEUILS
COUCHETTES

Ces offres sont aussi très utilisées par celles et ceux qui vont rendre visite à leur famille pour un week-end, pour les fêtes de fin d'année, ou pour toute occasion particulière. Leurs proches viennent généralement les chercher à la gare d'arrivée, sinon les locations de voitures électriques ou de vélos à destination sont facilitées.

Le temps que l'on perdait dans les embouteillages est mis à profit dans des trains confortables.

La (re)découverte de l'Europe en train, c'est *trendy* ! Grâce à l'arrivée des « Euro-TGV » et des trains de nuit internationaux, on peut également parcourir l'Europe en train, à grande vitesse comme en prenant son temps, de jour comme de nuit.

Le train de nuit, en version luxe ou standard, a ses adeptes. Il a changé la façon de voyager. L'existence de trains à haute qualité de service, qui font rêver, contribue à donner une bonne image du voyage en train. On se plaît à raconter à ses collègues son dernier *rail trip* à travers l'Europe…

Dans les entreprises, les salariés qui partent en mission en Europe sont eux aussi incités à prendre le train, dans lequel ils peuvent travailler confortablement sans perdre de temps grâce à une connexion wifi vraiment fonctionnelle.

La voiture pour partir en vacances, vraiment ? La voiture particulière est petite, peu puissante, et elle est passée à l'électrique. Elle continue de séduire les familles par sa capacité inégalée à faire du porte-à-porte, mais le train lui tient largement tête dans le cœur des Français.

Car cette voiture ne va pas vite… La restriction des vitesses à 110 km/h sur autoroute (qui ne gêne plus personne) n'est plus très utile puisqu'il faut rouler à 90 km/h si on veut économiser la batterie et éviter de passer trop de temps à faire la queue aux bornes de recharge électrique rapide. Les contraventions pour excès de vitesse sur la route des vacances ne sont plus qu'un lointain souvenir. De plus en plus de gens sont familiarisés avec le covoiturage, surtout utile pour les trajets non réalisables en train.

De plus, les territoires intègrent le tourisme dans leurs efforts de décarbonation. Ils ont adapté leurs offres de transports en commun aux flux touristiques, et coordonnent les efforts des acteurs locaux du tourisme pour assurer la mobilité de leur clientèle, venue sans voiture, sur place.

Navettes pour relier la gare aux campings, villages ou centres de vacances ; location de voitures électriques à la gare en offre intégrée avec le train ; obligation de mise à disposition de vélos à assistance électrique dans tous les hébergements marchands, et de voitures partagées électriques pour les hébergements collectifs ; disponibilité d'équipements spécifiques sur place si besoin (poussettes, sièges bébé, etc.)… Autant d'offres qui permettent aux vacanciers de partir sereinement sans leur voiture.

Sous le double effet des transformations des mobilités quotidiennes et du moindre attrait de la voiture pour les longs trajets, les ventes de voitures neuves ont baissé, et les ménages font des économies sur ce poste.

Les avions de nouvelle génération arrivent et les vols sont limités. Le secteur de l'aérien s'est transformé de fond en comble et à un rythme soutenu.

Dès 2040, avec seulement quelques années de retard, les premiers avions 100 % hydrogène – une véritable rupture technologique – entrent en service sur les court- et moyen-courriers. Les long-courriers sont quant à eux partiellement alimentés par les agrocarburants.

Malgré tous ces progrès, le trafic aérien doit rester sous un certain seuil pour respecter son budget carbone mondial. Ainsi, il n'a jamais dépassé son niveau d'avant pandémie de Covid.

Se déplacer moins loin ou moins souvent. Les voyages à très longue distance en avion sont contraints.

Côté pro, les salariés qui travaillent en lien avec d'autres continents sont incités par leur entreprise à planifier les échanges avec leurs partenaires étrangers de manière à prendre l'avion moins souvent. La visioconférence est le meilleur moyen de maintenir le lien.

Côté tourisme, les gens aisés voyagent moins souvent à l'autre bout du monde, et tâchent de profiter de chaque voyage pour rester plus longtemps sur place. Ils voyagent plus fréquemment sur de plus courtes distances : ils préfèrent ainsi un voyage en train de nuit de Paris à Budapest à un vol Paris-New York, devenu hors de prix pour un séjour de courte durée.

En somme, les voyageurs qui veulent du repos et de la déconnexion préfèrent rester en Europe et partir en train ; ceux qui cherchent vraiment le dépaysement et l'immersion partent plus loin mais privilégient les très longs séjours.

Beaucoup prennent leurs « congés longs », mis en place en 2025 pour permettre de prendre trois mois de vacances sans solde tous les trois ans. Ils en profitent pour faire des immersions culturelles de deux mois dans un pays lointain, qu'ils joignent en une à deux semaines de train et quelques courts segments en bateau – plus rarement, en avion, si c'est plus efficace que le bateau – grâce aux offres « sans avion ou presque ».

Et, surtout, ils disent qu'ils ont retrouvé le sens du voyage !

10

L'automobile

Le secteur aujourd'hui

20 % des émissions nationales de GES[1]

900 000 emplois directs et indirects

Réglementation du CO_2/km à l'usage pour les véhicules neufs…

… mais sans action sur la sobriété de la mobilité

40 millions de véhicules particuliers et utilitaires en France

2,1 millions produits en France en 2019

2022-2027 : les leviers pour décarboner

- **Compléter le dispositif CO_2/km** (réglementation européenne CAFE) par des objectifs de performance énergétique (kWh/km)
- **Orienter la fiscalité** vers des véhicules de plus en plus sobres (masse, aérodynamisme, équipements)
- **Aider les ménages** les plus contraints à remplacer leur véhicule par un moyen de transport (beaucoup) plus sobre
- **S'appuyer sur la commande publique** pour soutenir la production locale de véhicules sobres et bas carbone
- **Soutenir la R&D** des industries de la mobilité (batteries, vélo, microvoitures, *retrofit,* etc.)

La transformation à horizon 2050

Résilience

Indépendance vis-à-vis des énergies fossiles

Moindre dépendance aux matières premières et aux composants importés

Emploi

Volume d'emplois stable grâce aux industries de la mobilité

Évolution vers les métiers des cycles, de l'électromécanique et des services

[1] 20 % des GES (gaz à effet de serre) français sont dus à l'usage des véhicules particuliers et des petits utilitaires

État des lieux. La voiture, sous les feux des projecteurs et des critiques

Le secteur de l'industrie automobile tient une place spéciale dans la société, dans notre économie, dans notre histoire, dans notre imaginaire. Et dans nos émissions de CO_2 !

En un peu plus d'un demi-siècle, la voiture s'est imposée pour beaucoup comme un bien de première nécessité. En France, 85 % des ménages possèdent au moins une voiture (ils étaient 30 % en 1960), et près de 40 % en possèdent deux voire plus. Pour beaucoup d'entre nous, elle est indispensable au quotidien, pour faire les courses ou tout simplement travailler.

Elle permet de se déplacer vite et loin.

D'un autre côté, l'automobile participe à un certain nombre de désagréments quotidiens : embouteillages, pollution locale, pollution sonore, artificialisation des sols, etc.

Les voitures et les véhicules utilitaires légers sont responsables de 20 % des émissions de gaz à effet de serre du territoire français. Le secteur du transport est le premier poste d'émissions en France, et c'est aussi le seul à avoir vu ses émissions augmenter quasi continuellement au cours des trente dernières années[1]. Face à l'impératif de décarbonation de notre économie, la pression s'accentue fortement sur l'automobile, sous l'effet de la réglementation nationale et européenne. Une partie de l'opinion publique veut dépasser le

1. MTES/SDES.

« tout bagnole », tandis qu'une autre critique une atteinte aux libertés individuelles.

Quelle sera la juste place de l'automobile dans une France décarbonée ?

Des véhicules de plus en plus lourds et puissants. L'automobile en France, ce sont environ 40 millions de voitures et véhicules utilitaires légers (VUL) parcourant en moyenne plus de 12 000 kilomètres par an et dont l'âge moyen tend à augmenter, en particulier depuis la crise de 2008.

C'est aussi un marché de 2,5 millions de véhicules neufs (dont 2,1 de voitures) et de près de 6 millions de véhicules d'occasion vendus chaque année.

Les véhicules sont devenus plus gros, plus lourds et plus puissants. La masse moyenne des voitures neuves vendues en France a augmenté de 150 kilos en vingt ans et la puissance moyenne de 30 chevaux. Entre 1998 et 2018, le rapport puissance/poids s'est accru de 21 %[1].

Cet embonpoint est le résultat de plusieurs facteurs. L'amélioration continue de la sécurité a participé à cette prise de masse, même si on peut aujourd'hui s'interroger sur les conséquences sur les autres usagers de la route. Citons encore la réglementation sur les normes de dépollution, les aspirations des consommateurs rejoignant celles des constructeurs pour des véhicules plus imposants ou ayant une capacité de charge plus importante, mais aussi la multiplication d'équipements de confort ou de connectivité.

Les SUV représentent 4 véhicules neufs sur 10 : chacun peut constater cette course à la taille sur les routes et dans les villes.

Une industrie française, mais qui se délocalise progressivement depuis vingt ans. La France a une longue tradition de construction automobile. Mais la production annuelle de voitures et d'utilitaires légers sur notre territoire a fortement diminué. En moins de vingt ans, elle est passée de 3,5 millions de véhicules assemblés à un peu

---

1. « Évolution de la voiture moyenne depuis 1953 », *L'Argus*.

plus de 2 millions aujourd'hui, sous l'effet des délocalisations, en particulier vers l'Europe de l'Est ou différents pays méditerranéens. Les petites voitures, historiquement le point fort des constructeurs français, sont maintenant quasiment toutes produites hors du territoire national, alors qu'elles constituent davantage l'avenir d'une industrie automobile décarbonée que les SUV des segments supérieurs. Aucun des cinq modèles de voitures les plus vendus en France en 2020 n'est assemblé dans l'Hexagone.

L'industrie de l'automobile est ancrée dans l'histoire économique et sociale de la France. Les immenses savoir-faire qu'elle recèle peuvent être un atout pour la transition. L'emploi automobile sur le territoire français est très important, tant dans l'industrie directement (400 000 emplois) que dans les activités liées à l'usage des véhicules (450 000 emplois). Les pertes d'emplois de ces quinze dernières années ont été importantes (100 000 emplois perdus dans l'industrie, deux fois plus que dans le reste de l'industrie)[1].

Cette baisse de la production et des emplois pourrait se poursuivre si des mesures adaptées ne sont pas mises en œuvre rapidement. Cela est d'autant plus vrai que la relative simplicité du véhicule électrique permet à de nouveaux constructeurs de bousculer l'ordre établi. Pour autant, une automobile reste complexe à concevoir et à produire, et nécessite des compétences sur lesquelles les constructeurs français peuvent capitaliser. Les nouvelles technologies de batterie, l'électronique de puissance, les systèmes de recharge sont autant de domaines qu'il faut investir massivement.

La voiture propre, c'est pour bientôt ! ou pas... Voiture électrique, à l'hydrogène ou aux biocarburants : la décarbonation de l'automobile est, dit-on, pour demain. Le scénario est déjà écrit : les émissions à l'échappement seront réduites à zéro gramme de CO_2, et le coût du « plein » dégringolera grâce à une électricité décarbonée bon marché. La pollution sera fortement réduite par l'électrification et le vacarme des moteurs ne sera bientôt plus qu'un souvenir.

1. Observatoire de la métallurgie.

D'ici vingt ans, chacun aura sa voiture (son SUV ?) électrique, à la ville comme à la campagne, pour aller au travail, à la boulangerie à 500 mètres de la maison, emmener les enfants à l'école au bout de la rue ou partir en vacances à 800 kilomètres.

Il suffirait donc, avec un peu de temps et accessoirement un peu de pouvoir d'achat, de remplacer son bon vieux diesel (ou son essence) par une voiture électrique toute neuve pour enfin réconcilier les défenseurs irréductibles de l'automobile avec les écolos à pédale.

Ce scénario d'un simple changement de motorisation a peu de chances de se produire, et heureusement, parce qu'il ne résout finalement pas tout et n'est peut-être pas si souhaitable.

Cette belle histoire simpliste présente des angles morts. Les grands oubliés y sont tout d'abord l'énergie et la fabrication des véhicules, sources d'émissions de gaz à effet de serre et consommatrices de matières premières.

Certes, les émissions à l'usage représentent aujourd'hui près de 85 % des émissions de l'automobile, du fait de l'utilisation quasi unique de carburants fossiles. Le processus de fabrication d'une voiture thermique engendre l'émission de 5 à 10 tonnes d'équivalent CO_2[1]. Et la fabrication d'une batterie en émet autant[2].

En outre, plus le véhicule est gros, lourd et puissant, plus les émissions de fabrication sont importantes, et plus le besoin en énergie pour le déplacement est grand. Il faut aussi considérer la production de l'électricité, de l'hydrogène ou des agrocarburants, qui peut être selon les cas responsable d'émissions très importantes, ainsi que d'autres impacts environnementaux (pollutions, extraction des ressources).

Même avec un parc de véhicules intégralement « zéro émission », il restera encore quelques dizaines de millions de tonnes d'émissions « grises » pour la fabrication et la production d'énergie. Il faut donc se préoccuper de la taille des véhicules futurs, de leur

1. « Transports routiers : quelles motorisations alternatives pour le climat ? », Carbone 4, janvier 2021.
2. 5 à 10 tCO_2e pour respectivement 42 kWh et 85 kWh, fabrication en Chine.

masse (niveau d'équipements, puissance de la batterie, etc.), et nous questionner sur ce qu'on doit raisonnablement attendre d'un véhicule : quel est le juste besoin d'équipements de confort, n'y a-t-il pas une inflation en partie superflue des équipements de sécurité ? Quel besoin de déplacer un objet de 1,5 tonne pour emmener (le plus souvent) une personne de 75 kilos d'un point A à un point B ? A-t-on besoin de performances dynamiques (accélérations, vitesse maximale) quand on est dans les embouteillages ou sur des autoroutes limitées à 130 km/h ? Est-ce inconcevable de rouler à 110 km/h plutôt qu'à 130, quand on sait que cela permet d'économiser plus de 20 % de consommation et autant d'euros de carburant, pour même pas 10 minutes aux 100 kilomètres ?

Autre angle mort : l'évolution des besoins de mobilité et le choix des moyens de transport doivent être mis en question. Dans le cas de la mobilité locale, où la voiture individuelle est utilisée pour les deux tiers des déplacements, la priorité ne devrait-elle pas être donnée aux « modes actifs » (vélo, vélo électrique, etc.), aux « microvoitures » (c'est-à-dire les quadricycles carénés et les véhicules de type Citroën AMI et Renault Twizy), ou encore aux transports collectifs ? L'évolution des usages doit être considérée, dans le secteur automobile comme dans les autres.

Le choix d'une stratégie de réindustrialisation pour le secteur automobile doit aussi être débattu. L'électricité décarbonée de la France, son niveau d'exigence sociale et environnementale, notre savoir-faire sur les « petits véhicules » sont autant d'atouts. Et ces atouts doivent aussi être mis au service du développement d'**une filière complète des mobilités routières bas carbone**, comprenant les cycles, les deux-roues électriques, les microcitadines et leurs usages.

Notre proposition pour les cinq ans à venir. Des véhicules plus légers, intégrés dans une stratégie de mobilité globale

Depuis trente ans, l'efficacité énergétique des voitures s'est améliorée de 20 %[1] et l'intensité carbone des carburants a baissé de 7 %. Mais cela n'a pas suffi à faire baisser les émissions du secteur, puisque dans le même temps, la mobilité automobile a augmenté de plus de 20 %, tandis que le taux d'occupation des voitures diminuait (il n'est aujourd'hui que de 1,5 passager par véhicule en moyenne). Il est primordial de coupler la réduction des émissions des voitures au kilomètre à une approche plus globale sur l'ensemble des termes de l'« équation de Kaya », si l'on veut relever le défi de la décarbonation.

$$CO2eq = \sum \underbrace{\text{voyageurs.km}}_{\text{Mobilité}} * \underbrace{\%\ \text{mode}}_{\text{Modes}} * \underbrace{\frac{1}{\text{taux d'occupation}}}_{\text{Remplissage}} * \underbrace{\frac{\text{consommation d'énergie}}{\text{véhicule.km}}}_{\text{Efficacité}} * \underbrace{\frac{CO2eq}{\text{consommation d'énergie}}}_{\text{Intensité carbone}}$$

CO_2e = demande de transport × mode de transport
× taux de remplissage × efficacité énergétique du mode
× intensité carbone de l'énergie utilisée

« L'équation de Kaya » de la mobilité : les déterminants des émissions du secteur vont bien au-delà des émissions de chaque véhicule…

Pour construire une stratégie pertinente pour l'industrie automobile, et au-delà pour l'émergence d'une filière complète des mobilités routières bas carbone, il faut d'abord considérer les possibilités (et les limites) des leviers de sobriété pour maîtriser et réduire le besoin de mobilité : le télétravail, l'urbanisme, l'aménagement du territoire, le rapport aux destinations lointaines ou encore l'optimisation des tournées de livraison (voir les chapitres sur la mobilité quotidienne, la mobilité longue distance et le fret).

1. *Agir en cohérence avec les ambitions*, rapport 2019, Haut Conseil pour le climat.

Puis il faut analyser les possibilités et les limites de report vers les modes de transport disponibles les moins carbonés et l'amélioration du taux d'occupation des véhicules particuliers comme utilitaires. Une utilisation cohérente de ces leviers primordiaux aboutit à une **maîtrise du nombre de voitures et de VUL neufs nécessaires**. Nous devons pouvoir nous déplacer librement, facilement et pour pas trop cher. La voiture, en particulier pour les déplacements quotidiens, et surtout avec une seule personne dedans, ne sera dans bien des cas pas la meilleure réponse dans la société bas carbone. Le développement de la voiture électrique et les gains d'efficacité doivent s'intégrer dans une stratégie plus vaste. Mais ce ne sont pas les seules évolutions techniques à pousser. Il est essentiel de concevoir des véhicules moins consommateurs de matière et d'énergie. L'électrification des véhicules n'est pas la panacée : elle est un instrument parmi d'autres.

Faire de la transformation du secteur automobile une opportunité pour l'économie française. La décarbonation du secteur automobile doit être organisée autour d'une stratégie assortie de mesures systémiques ambitieuses et rapides. Cette stratégie inclut tout autant les changements de comportement que le développement des nouveaux véhicules et le renouvellement du parc. Nous nous concentrons ici sur les principales mesures à mettre en œuvre pour transformer l'industrie automobile en cohérence avec les évolutions d'usages décrites dans les autres chapitres consacrés à la mobilité.

La réduction de l'empreinte de fabrication passera par le dimensionnement au juste besoin des véhicules et de leur batterie. **La limitation de la capacité des batteries** ou l'instauration d'un malus au-delà de 50 ou 60 kWh contribuerait à la maîtrise de la masse et à l'orientation de la recherche vers l'efficacité.

La masse des nouveaux véhicules neufs doit être réduite, avec un objectif d'« amaigrissement » de 300 kilos hors batterie, par rapport à la masse moyenne actuelle : il s'agit de repenser les dimensionnements, mais aussi les équipements de confort et de sécurité. Les mesures n'incitant pas à cette cure d'amaigrissement doivent être supprimées au plus vite. Ainsi, l'indexation sur la masse des véhicules des objectifs CO_2 européens visant les constructeurs automobiles doit être supprimée dès 2025. Un système de bonus-malus sur la masse des véhicules peut être instauré.

La réorientation du marché et de la production vers **des véhicules économes en énergie (et en euros)**, c'est-à-dire moins lourds, à l'aérodynamique performante et aux motorisations optimisées, peut être guidée par **un objectif national et européen d'efficacité** mesuré en kilowattheure par kilomètre. Au-delà d'un certain seuil de CO_2 et d'efficacité en kWh/km, les avantages fiscaux sur les véhicules, en particulier ceux des sociétés, doivent être supprimés. **Le soutien des ménages les plus contraints doit être massif pour les aider à basculer rapidement vers les véhicules – y compris d'occasion – les plus sobres et bas carbone.** Il faut notamment **conditionner les aides aux gains CO_2 lors du changement de véhicule neuf ou d'occasion.**

La mise en place d'un **label sur l'empreinte carbone de fabrication** et sur l'origine des véhicules conduira à valoriser la performance sociale et environnementale, et aidera à localiser ou à relocaliser la production des véhicules et des batteries sur le territoire. La commande publique doit y contribuer.

Ces dispositifs pourront être complétés par des **incitations aux constructeurs à réduire les kilomètres parcourus et l'« autosolisme**[1]», en leur octroyant par exemple des avantages dans le calcul de leurs objectifs réglementaires de CO_2 en fonction de leur contribution à la réduction de l'usage du parc.

Le développement de l'**écoconduite**, dans la formation régulière des conducteurs et des chauffeurs et *via* le développement d'assistances dédiées, doit être actionné massivement et sans délai. Ce seul levier permet des réductions de consommation de 10 % en moyenne[2].

---

1. L'« autosolisme » désigne le fait d'être seul dans sa voiture.
2. Voir par exemple *Joining Forces to Tackle the Road Transport CO2 Challenge. A Multi-Stakeholder Initiative*, rapport ACEA, 2020.

Enfin, une puissante industrie française des cycles, deux-roues électriques et microvoitures doit être développée à partir du prochain quinquennat. C'est un gisement potentiel d'emplois majeur (voir « 12. L'emploi »).

Une industrie automobile à réinventer. Toutes les questions sur l'avenir de la grande industrie française de l'automobile et ses filières doivent être posées maintenant, carte sur la table.

Transformation des produits, des filières, des métiers, des compétences, évolutions de la nature même de cette industrie : là peut-être encore davantage que dans tout autre secteur, la transformation sera anticipée ou subie.

L'excellence des compétences de ses salariés est ainsi un atout considérable de la filière pour anticiper un rééquilibrage vers des marchés bas carbone en besoin de croissance : vélos et vélos électriques, micromobilités, quadricycles et microvoitures... Un certain nombre d'équipementiers français sont des leaders mondiaux dont les savoir-faire trouveront à s'employer au service des nouvelles chaînes de valeur.

Et, dans la rude bataille pour les compétences numériques et en électronique de puissance, anticiper la transformation bas carbone proposée n'est-il pas la meilleure façon d'attirer de nouveau vers l'automobile, devenue de manière crédible un outil de la transition, et d'éviter une décroissance contrainte ? Les premiers constructeurs à se spécialiser dans les *petits* véhicules aérodynamiques pourraient être les nouveaux Tesla, et ils pourraient être français.

Les entreprises et les salariés ne sont pas les seuls concernés. Ce sont à nouveau des territoires industriels entiers qui peuvent s'effondrer, ou qui, au contraire, cette fois-ci, peuvent réussir à faire croître des sources nouvelles ou renouvelées de prospérité. Là encore, la valorisation des compétences collectives fortes de l'industrie automobile, anticipée dès aujourd'hui avant un délitement forcé, doit permettre de faciliter la reconversion *in situ* de sites industriels, et donc la résilience des territoires qui les abritent.

La France est championne des aides à l'achat de voitures et de l'appui à la R&D de l'automobile, elle-même championne des brevets. L'inventivité du secteur est donc une source d'espoir pour sa transformation rapide et potentiellement pour l'emploi – à condition que les aides de l'État soient conditionnées à des activités locales, pour ne pas reproduire le scénario des vingt dernières années.
Les opportunités sont là, elles ne se matérialiseront qu'à condition de mener une réflexion collective audacieuse et exigeante.

Après la transformation. Une industrie transformée et diversifiée, leader de la mobilité décarbonée

En 2050, la place de la voiture individuelle dans nos mobilités est sensiblement moins importante qu'aujourd'hui. **Le trafic automobile français est réduit de 40 %** par rapport à 2020, et par conséquent il se vend 40 % **de véhicules neufs en moins**.
Tout en restant confortables et adaptés aux usages, les nouveaux **véhicules légers et aérodynamiques** sont devenus beaucoup plus efficaces et sobres en matériaux. Ils utilisent une énergie peu carbonée (électricité essentiellement, avec peut-être un complément limité de biocarburants pour des usages restreints). À côté des voitures particulières, les constructeurs produisent sur le territoire et commercialisent un nombre important de **cycles, deux-roues électriques et microvoitures**. Ces nouveaux marchés permettent à la filière automobile (amont et aval) de **compenser la perte d'activité et d'emplois** résultant de la baisse des ventes et de l'usage des voitures traditionnelles.
Les mesures de réduction de l'empreinte carbone des batteries et des véhicules ont contribué à une production davantage locale, et qui peut s'appuyer pleinement sur de nouvelles filières de reconditionnement et de recyclage des véhicules et des batteries.

VÉLOS PROD'
TESTS
BATTERIES

La puissance des batteries est modérée : elle est adaptée aux usages de 2050. Le volume de la production française est comparable à celui du marché national, y compris pour la production de batteries bénéficiant d'une l'électricité bas carbone.

Le marché des véhicules de sociétés a été complètement réorienté sur des véhicules sobres et bas carbone dès 2025. Cela a contribué à modifier l'image des véhicules qui permettent d'afficher un certain statut social.

La mise en place, avant 2030, au niveau européen, d'une réglementation sur l'énergie consommée par kilomètre, complémentaire de celle sur le CO_2 par kilomètre, a conduit les constructeurs et le marché à concevoir et à produire en grande série des véhicules sobres. Toutes les politiques d'encouragement à la multimodalité et au covoiturage font qu'à son tour, la voiture est devenue un mode de transport collectif.

Du côté des usages professionnels, la transformation des usages a conduit le marché des petits utilitaires à se contracter de 20 %. Une partie de l'activité s'est reportée sur les vélos cargos et les véhicules plus petits.

Les constructeurs français, riches de leur savoir-faire, ont su innover pour répondre à la nécessaire réduction de la masse des véhicules ; ils ont ainsi pu retrouver un leadership sur le segment des voitures petites et compactes et des technologies électriques.

Les besoins en emplois et les types de compétences ont profondément évolué. Mais les gisements nouveaux ont permis de maintenir le niveau global d'emplois, grâce à la fabrication des nouveaux types de véhicules (vélos, vélos à assistance électrique, microvoitures…) et des batteries, grâce aussi aux systèmes de recharge et aux nouveaux services de mobilité (covoiturage et « multimodalité ».) Les filières aval de l'industrie automobile, en particulier celles de l'entretien et des services après-vente, se sont transformées grâce au développement de l'usage de ces nouveaux véhicules, à la multimodalité, mais aussi grâce au recyclage et au réemploi.

11

Le logement

Le secteur aujourd'hui

37 millions de logements
dont **6 millions** de logements vacants et secondaires

12 % des émissions nationales de GES[1]

400 000 nouveaux logements construits chaque année, représentant plus de la moitié de l'artificialisation des sols

Réglementation des émissions de CO_2 des logements neufs *via* la **RE2020**

5 milliards d'euros d'aides à la rénovation par an

2022-2027 : les leviers pour décarboner

Sobriété dans les constructions neuves : matériaux, réorientation vers le logement collectif

Massifier la rénovation énergétique globale et performante pour atteindre 1 million de logements rénovés par an, *via* une réorientation massive des aides

Décarboner la chaleur : tous les chauffages fossiles devront disparaître au profit de sources d'énergie bas carbone

Mobiliser le bâtiment comme puits de carbone en utilisant des matériaux biosourcés, y compris dans la rénovation

La transformation à horizon 2050

Il n'y a plus de passoires thermiques (et la santé des Français s'en trouve améliorée)

Résilience

- Indépendance totale vis-à-vis des énergies fossiles
- Les logements résistent mieux aux canicules
- Territoires ruraux ou délaissés redynamisés, donc moins de logements vacants

Emploi

- Baisse de la main-d'œuvre dans les constructions neuves, partiellement compensée par la montée en puissance de la rénovation
- Les compétences se sont renforcées et diversifiées, un réseau de PME plus dense maille le territoire

[1] GES = gaz à effet de serre

État des lieux.
Un chantier de longue haleine...

Nous attendons beaucoup de notre logement, en particulier sous nos climats inadaptés au métabolisme humain. Le « foyer » nous permet de rester en bonne santé et de prospérer. Il doit être confortable, bien ventilé et isolé… sans coûter trop cher ! À cause de tout cela, nos logements sont gourmands en énergie, en particulier pour le chauffage. Et cette énergie reste en majorité d'origine fossile : gaz naturel et fioul.

La France compte environ 37 millions de logements. Il y a 17 millions de logements individuels en résidence principale, en large majorité occupés par leurs propriétaires. L'habitat collectif regroupe 13 millions de résidences principales, dont la moitié en copropriété et un tiers en logement social. Les résidences secondaires constituent 10 % du parc bâti, et les logements vacants environ 8 %.

En prenant seulement en compte la consommation d'énergie nécessaire à l'exploitation des bâtiments – les impacts liés à leur construction étant associés à l'industrie – le secteur du logement est l'un des principaux consommateurs d'énergie (29 % de l'énergie finale) et l'un des plus gros émetteurs de gaz à effet de serre (12 % des émissions nationales).

De nombreuses politiques d'aides financières ont été mises en place ces dernières années pour inciter à la rénovation du parc. Souvent complexes, ces dispositifs demeurent insuffisants pour placer l'évolution des logements sur une trajectoire compatible avec l'objectif de la France : la décarbonation totale de l'usage des bâtiments d'ici 2050. Or agir sur le parc de logement, c'est se confronter à une grande inertie : ce parc se renouvelle lentement, les travaux d'ampleur sont peu fréquents, et la plupart des bâtiments de 2050 sont déjà construits.

Nous voulons tous des logements solides et confortables. Cet impératif a jusqu'à présent induit un fort impact environnemental. Il faut réussir non seulement à décarboner la construction des nouveaux bâtiments, mais aussi et surtout à transformer les logements existants, en tenant compte des besoins insatisfaits (en particulier ceux des populations précaires et mal logées) et des ressources mal utilisées (à commencer par les 1,5 million de logements structurellement vacants et les 3,6 millions de résidences secondaires). Au-delà de la construction et de la rénovation, il est nécessaire d'intégrer dans la réflexion l'évolution des structures territoriales, leur pilotage et leur gouvernance, avec une attention constante aux enjeux sociaux. Aujourd'hui en France, autour de 7 millions de personnes se trouvent en situation de précarité énergétique.

Nos propositions pour les cinq ans à venir. La priorité : structurer une économie de la rénovation « globale »

Les transformations proposées par le PTEF pour le secteur du logement s'organisent autour de quatre leviers d'action :

- **massifier la rénovation énergétique globale et performante ;**
- **décarboner la production de chaleur ;**
- **décarboner l'acte constructif et recourir au bâtiment comme puits de carbone ;**
- **ajuster la quantité totale de constructions neuves.**

La rénovation massive des logements est un passage obligé de la décarbonation de notre économie. Il est nécessaire de rénover de façon cohérente murs, toiture, sols et ouvertures, tout en ayant recours à une énergie décarbonée, et en large partie renouvelable pour ce qui concerne la chaleur (pompes à chaleur, réseaux de chaleur urbains, bois, chauffe-eau solaire). Cette rénovation est **un chantier de long terme, qui doit mobiliser des compétences qui sont encore loin d'être disponibles en quantité suffisante** (voir « 12. L'emploi »). L'ampleur des transformations à entreprendre à l'horizon 2050 impose de lancer maintenant une action vigoureuse. Sans cela, impossible de faire 30 millions de rénovations performantes.

Avant cinq ans, l'ensemble de la filière de la rénovation devra être en ordre de marche. Les subventions seront rendues plus abondantes, plus simples et plus stables, afin de permettre aux professionnels de s'organiser, tout en évitant les effets d'aubaine passagers. Un calendrier ferme et précis, fondé sur de fortes incitations précédant des obligations « voitures-balais », aura donné la visibilité nécessaire pour les décennies à venir :

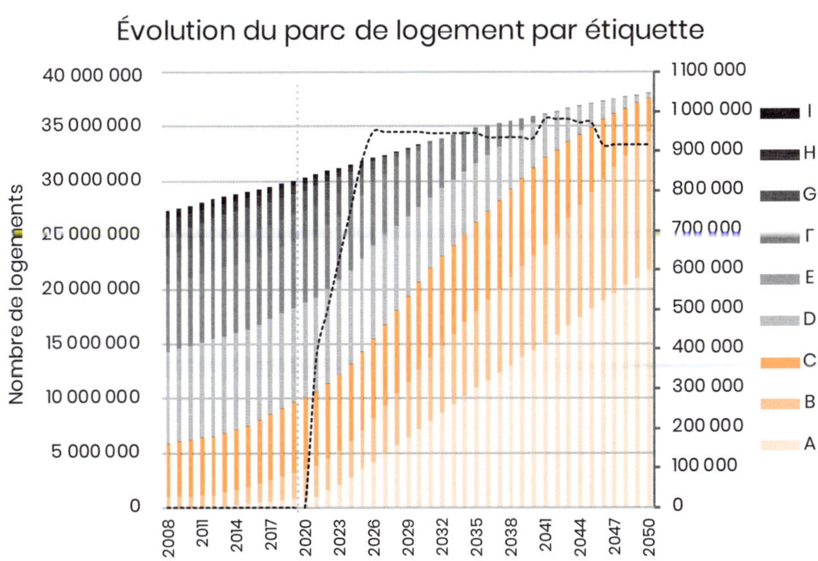

- 2030, toutes les « passoires thermiques », étiquetées F ou G dans les diagnostics de performance énergétique (DPE), sont rénovées ;
- 2040, tous les logements étiquetés E sont rénovés, plus aucun logement n'est chauffé au fioul ;
- 2050, tous les logements étiquetés D sont rénovés. Plus aucune maison n'est chauffée au gaz.

À chaque étape, des bonifications vont permettre de cibler en priorité les logements chauffés aux énergies fossiles.

Une vaste majorité de bailleurs et de propriétaires seront ainsi poussés à mettre en œuvre une rénovation volontaire, avant que ne passe la voiture-balai de l'obligation de rénovation. Cela devient un sujet de discussion entre amis et voisins : on se passe les bons plans et les bonnes adresses, la rénovation de son logement devient un objet de fierté…

À mesure que la filière se structure, les rénovations dites « globales » deviendront majoritaires. Elles permettront d'atteindre le niveau « bâtiment basse consommation » au cours d'un nombre restreint d'étapes de travaux cohérentes et planifiées. Peu à peu, les subventions visant un geste unique de travaux s'effaceront. Les différents corps de métiers travailleront plus régulièrement ensemble et seront coordonnés par des intervenants spécialisés.

Même si les émissions de la rénovation sont faibles comparées à celles de la construction, il faudra qu'elles soient maîtrisées, compte tenu du nombre de rénovations nécessaires. Les baisses d'intensité carbone sur les logements neufs devraient avoir un effet structurant bénéficiant aussi à la rénovation.

Au-delà des aides à la rénovation, les différents dispositifs fiscaux comme les aides à la pierre ou la taxe d'habitation seront rendus cohérents entre eux. Ils auront le même but : encourager les responsables locaux et les ménages à rénover et à moderniser plutôt qu'à construire.

Des logements neufs seront bien sûr toujours construits partout où le besoin l'exige. Mais l'artificialisation des sols sera de plus en plus sévèrement limitée par l'actualisation des documents d'urbanisme et les schémas d'aménagement du territoire.

Il est urgent de sortir du chauffage au fioul et au gaz naturel. Une sortie définitive du fioul est possible avant 2040, grâce à un essor massif des pompes à chaleur, ainsi qu'aux réseaux de chaleur urbains là où c'est pertinent (le déploiement de ces réseaux présente des difficultés techniques et organisationnelles). Pour les maisons individuelles, il est possible de sortir du gaz naturel d'ici 2050. Des technologies bas carbone permettant de s'adapter à la quasi-totalité des situations existent déjà. Il s'agit d'en accélérer la mise en place rapidement car les équipements de chauffage ont une durée de vie de plusieurs décennies : certaines chaudières installées avant 2030 survivront au-delà de 2050, date butoir pour la décarbonation totale des logements.

Construire est en soi générateur d'impacts environnementaux significatifs. Ces impacts (consommation de matière et d'énergie, production de déchets, imperméabilisation des sols – à la fois pour le logement et pour la voirie qui le dessert) sont largement supérieurs à ceux qu'entraîne la rénovation de logements anciens. Au cours de la construction, les émissions de carbone sont aujourd'hui plus

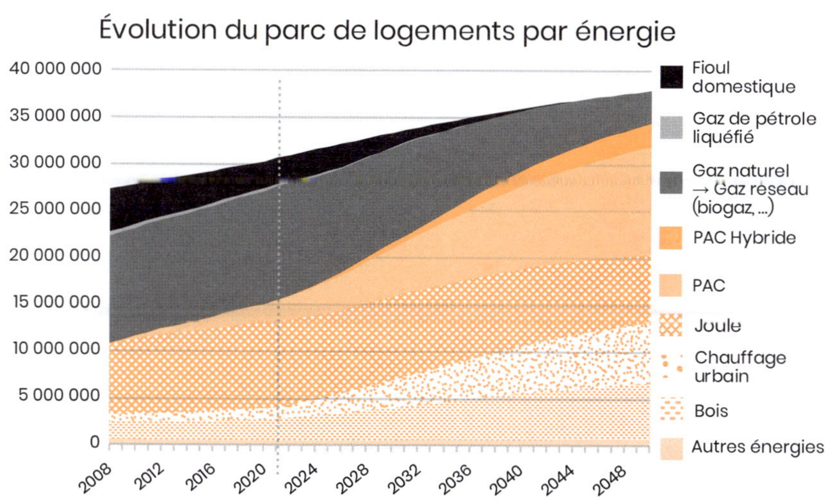

importantes que celles du bâtiment sur toute la durée de sa vie une fois construit. Ces émissions sont très largement liées à l'utilisation de certains matériaux intenses en carbone pour leur fabrication, et mobilisés pour le gros œuvre : béton et acier. L'industrie est en passe de décarboner une partie de la production de ces matériaux. Les modes de construction eux-mêmes feront leur part, en ayant davantage recours à des matériaux bas carbone et en particulier « biosourcés », agissant comme puits de carbone. Une trajectoire ambitieuse de réduction a été tracée jusqu'en 2035 par la nouvelle réglementation RE2020. Il s'agira de respecter cette trajectoire, et de la prolonger jusqu'en 2050.

Utiliser au mieux les logements *déjà* bâtis permettrait de réduire les besoins en constructions neuves... et leur impact environnemental. 400 000 nouveaux logements sont construits chaque année en France, pour loger 250 000 nouveaux ménages. Ces logements supplémentaires servent à loger les ménages qui se créent, mais également ceux qui se déplacent vers des zones plus attractives, en termes d'emploi notamment. Établir un plus juste équilibre ne sera possible que dans le cadre d'une transformation plus générale de l'économie française : une telle évolution peut être préparée dès aujourd'hui (voir notamment « 6. L'agriculture » et « 5. L'industrie »). Bien des logements vides sont disponibles dans des territoires qui ont perdu leur attractivité : il s'agit de redonner de la vitalité à ces territoires, notamment les petites villes et les villes moyennes situées sur des régions agricoles ou désindustrialisées.

À l'échelle locale, il s'agit aussi de proposer, au sein d'un bassin de vie, une plus grande diversité de logements pour tous les niveaux de revenus et adaptée à toutes les étapes de l'existence. Cela passe bien souvent par la remise aux normes des logements anciens. Cela nécessite également une évolution de la gouvernance, pour que les décisions sur les permis de construire se prennent de façon coordonnée, à l'échelle des bassins de vie. Cela suppose enfin une mise en cohérence ambitieuse des différents documents d'urbanisme, assortie d'une réglementation exigeante pour justifier une nouvelle construction.

Vers une décarbonation totale des logements. Des instances de copilotage par les acteurs locaux, mises en place aux différentes échelles territoriales, assurent la cohérence d'ensemble. Elles préparent un durcissement progressif sur la décennie 2030, afin de mettre la France sur la trajectoire de l'objectif « zéro artificialisation nette » d'ores et déjà fixé.

De 2027 à 2050, des ajustements successifs dans les dispositifs d'aide permettront de maintenir un rythme élevé de rénovations globales et de changements de type de chauffage. À mesure que la filière continuera à se structurer, la production de chaleur bas carbone et la rénovation globale devraient devenir plus compétitives. Les dispositifs de financement et d'accompagnement pourront être d'autant plus concentrés sur l'éradication des passoires thermiques et de la précarité énergétique, ainsi que de toute dépendance aux énergies fossiles.

Après la transformation

En 2050, l'ensemble de la population vit dans des logements sains, sobres, bien ventilés et correctement chauffés l'hiver.

L'évolution parallèle de l'emploi et des mobilités a profondément transformé le paysage : les villes moyennes et la campagne attirent à nouveau. Les logements vacants y sont plus rares, et de nombreuses résidences secondaires sont habitées à l'année. La proximité a partiellement remplacé la mobilité intensive des décennies passées, si bien qu'on perd beaucoup moins de temps sur la route. La plupart des gens trouvent tout ce dont ils ont besoin dans un rayon accessible à pied, à vélo ou en transports en commun.

Les modes d'habitat partagé sont devenus courants. Ils ont nécessité un certain effort d'adaptation, tant ils diffèrent de l'habitat individuel, mais ils rendent de multiples services : habitation dans des logements qu'une famille seule n'aurait pas pu occuper, mutualisation d'espaces, d'équipements et de trajets. Vieillir chez soi y est aussi plus simple.

La rénovation du bâti ancien est maintenant très bien maîtrisée. On ne construit plus qu'un nombre restreint de nouvelles maisons individuelles. L'engouement pour une vie plus pratique, organisée autour d'activités de proximité, ainsi qu'une offre de logements diversifiée et adaptée permettent une rotation plus fréquente des occupants des maisons existantes.

Les modes constructifs se sont diversifiés et en partie régionalisés. Les végétaux à croissance rapide qui servent pour les isolants sont par exemple différents au nord et au sud. Dans le neuf comme en rénovation, la part de matériaux bas carbone et de matériaux « biosourcés » (bois, chanvre, liège…) ou « géosourcés » (terre crue, pierre…) a considérablement augmenté. L'usage de la biomasse pour le chauffage est plus fréquent, mais les logements, rénovés, en consomment moins.

Enfin, le développement de la construction modulaire ou « hors site » et la rénovation « hors site » de ces modules permettent de réduire l'impact des chantiers, et aident à accélérer encore la transition.

Il fait sensiblement plus chaud… ce qui permet des économies substantielles de chauffage. Les étés et leur lot de canicules sont tolérables, grâce à des logements rénovés munis de protections solaires appropriées. Une adaptation renforcée par le recours, lorsque c'est nécessaire, à de la climatisation bas carbone, notamment à travers l'installation de pompes à chaleur réversibles.

CHAUFFE-EAU SOLAIRE
EAU
30
POMPE
À
CHALEUR

Trois questions récurrentes

On n'arrive pas à rénover suffisamment, alors que le neuf est très performant : ne ferait-on pas mieux de renouveler davantage la construction ?

Il y a un facteur 10 entre l'impact carbone de la construction et celui d'une rénovation complète, et il en est de même sur les quantités de matières consommées. Il est presque toujours plus pertinent de rénover, sauf dans certains cas précis, par exemple lorsqu'il est très compliqué de sortir des énergies fossiles après rénovation (ex : logements collectifs avec chauffage au gaz individuel).

Faut-il rénover, ou bien décarboner l'énergie ?

Il faut faire les deux ! Décarboner 100 % de l'énergie sera difficile, d'autant plus si on en consomme beaucoup. Dans le logement comme dans bien d'autres domaines, une grande part de la solution passe par une réduction de la consommation. Les principaux vecteurs d'énergie bas carbone pour le chauffage seront l'électricité, le bois et le « biogaz ». Chauffer plus de logements au bois nécessite de chauffer moins dans chacun, afin de limiter la pression sur la forêt. La ressource en biogaz est également limitée : il faut en circonscrire l'usage aux logements où l'on n'a pas d'alternative, tout en s'assurant qu'ils sont bien isolés. Enfin, on ne pourra pas tout électrifier sans perte de rendement, et l'énergie électrique peut revenir très cher. Les pompes à chaleur sont à ce jour le moyen le plus efficace d'utiliser l'électricité pour se chauffer, car elles convertissent une part importante de chaleur renouvelable. Mais elles ne fonctionnent bien que dans des logements convenablement isolés.

Le recours massif au bois n'est-il pas un pis-aller environnemental ?

Il y a là un point de vigilance important pour plusieurs raisons.

Précisons d'abord qu'il n'y a pas nécessairement de concurrence entre les différents usages du bois, car les différentes parties de l'arbre servent à des usages différents (construction, ameublement, énergie) grâce au circuit de sous-produits et « coproduits » (utilisation des chutes, de la sciure...).

Le premier point de vigilance est lié au fait que la combustion du bois émet une quantité de carbone plus importante encore que les combustibles fossiles. Le bois n'est considéré comme une source d'énergie bas carbone que dans la mesure où la ressource prélevée est issue d'un cycle de remplacement dont le solde total est positif ou nul. Cette condition, aujourd'hui remplie pour la France, permet d'assurer que le carbone émis par la combustion en une année est au maximum égal au carbone capté par l'ensemble de la forêt sur cette même année. Elle est cependant à surveiller attentivement dans le cadre d'une économie bas carbone, où la forêt devient une ressource stratégique.

Le second point de vigilance vient du fait que les forêts sont un environnement à protéger pour plusieurs raisons au minimum fonctionnelles, en particulier la fonction de réservoir de biodiversité et celle de puits de carbone. Une surexploitation aurait des conséquences néfastes, y compris pour la capacité de la France à respecter sa trajectoire de décarbonation. En sens inverse, nous avons fait le choix de rester prudents quant à l'évolution des ressources en bois, ne serait-ce qu'à cause de l'inconnue que constitue l'impact sur les forêts françaises du réchauffement climatique...

12

L'emploi

Évolution de l'emploi dans les secteurs étudiés en priorité

Périmètre PTEF quantifié ci-dessous : *environ 15 % de l'emploi actuel, en ETP* (en équivalent temps plein)

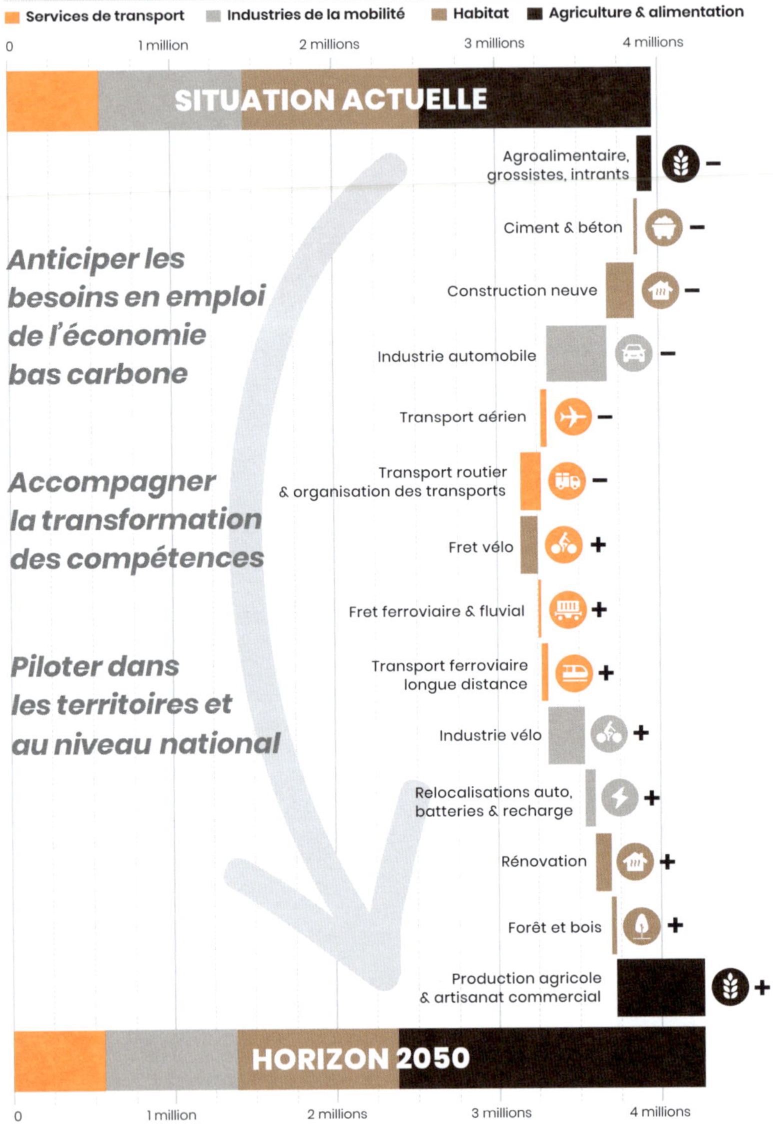

Périmètre évalué qualitativement ci-dessous, globalement stable en volume :
environ 30 % de l'emploi actuel

Administration publique
Capacité à évaluer les émissions de gaz à effet de serre

Enseignement
Développement d'enseignements pour la transformation bas carbone

Santé
Évolution des métiers vers la prévention et les pratiques bas carbone

Culture
Meilleure répartition sur le territoire, événements plus petits et plus nombreux

Périmètre total du PTEF : 45 % de l'emploi actuel

Le moteur de la transformation bas carbone – à condition de bien anticiper !

Quand il s'agit de planifier les transitions écologiques, le facteur humain est souvent mis de côté. Pour construire un nouveau monde, résilient et sobre en carbone, on va penser à la transition vers des énergies plus « propres », à la rénovation des bâtiments, aux transports en commun, à la rupture technologique qui nous sauvera et à combien elle coûtera… Mais on pense trop peu aux femmes et aux hommes qui façonneront ce nouveau monde, et à la façon dont ils doivent être outillés dès aujourd'hui.

Or la ressource humaine est l'un des facteurs clés de réussite, sinon le principal. La transformation de l'économie française met en jeu de l'énergie et de la matière. Mais elle concerne surtout des personnes et leur emploi, leur avenir et celui de leurs enfants.

Les enjeux mobilisent tous les métiers et tous les secteurs : ils ne se limitent pas aux métiers « verts », ni à l'inverse aux seuls secteurs carbonés, ou encore aux secteurs « innovants ». Les besoins vont changer dans toute l'économie ou presque, en nombre d'emplois mais aussi en compétences et en savoir-faire. Nous préparer à ces changements prendra du temps, et cela doit donc être anticipé dès aujourd'hui. C'est pourquoi la question de l'emploi est au cœur du Plan de transformation de l'économie française (PTEF). Il ne s'agit pas de prédire l'avenir de l'emploi, mais plutôt de répondre, dans les bons ordres de grandeur, aux questions suivantes : quels secteurs devraient voir leur demande de main-d'œuvre croître dans une économie bas carbone, ou au contraire décroître, et de combien ? Quels métiers sont concernés, et comment adapter nos compétences et réallouer nos moyens humains pour répondre à ces nouveaux besoins ? Enfin, comment planifier, organiser et piloter ces transformations dès aujourd'hui, pour que l'emploi en soit le moteur, et non la victime ?

Pour répondre à ces questions, nous avons d'abord évalué les heures de travail qui seront nécessaires pour créer et maintenir le système bas carbone proposé, décliné dans le plan secteur par secteur.

Par exemple, nos travaux sur la décarbonation de notre mobilité quotidienne permettent d'évaluer le niveau de réduction possible de notre usage de la voiture en fonction des besoins – distance à parcourir pour aller au travail par exemple, courses à transporter, etc. – et des alternatives que l'on peut développer. Parmi ces alternatives, le vélo (simple ou à assistance électrique) est adapté à bien des situations. Il est plus rapide à fabriquer qu'une voiture, bien sûr, mais il en faudra aussi beaucoup plus.

Les secteurs étudiés dans le PTEF représentent l'équivalent d'environ 12 millions d'emplois à temps plein, soit près de la moitié de la population active française. Ces secteurs ont un rôle prépondérant pour mettre en place et asseoir un système économique décarboné. Un certain nombre de secteurs significatifs n'ont pu être inclus dans cette première phase de travail, essentiellement par manque de temps et de moyens à ce stade. On y trouve une partie de l'industrie manufacturière (par exemple le textile), les bâtiments tertiaires, le tourisme, l'hôtellerie-restauration ou encore l'industrie aéronautique (cette dernière est analysée, mais au niveau mondial, dans le rapport du Shift Project, *Pouvoir voler en 2050*, paru en 2021). Le secteur de l'énergie, s'il est traité de manière extensive dans le PTEF, n'a pu faire l'objet de chiffrages emplois que pour la partie concernant la production d'électricité, faute de données fiables sur les emplois des secteurs pétroliers et parapétroliers. Il n'est donc pas inclus à ce stade.

Une croissance nette du nombre d'emplois, des évolutions sectorielles très hétérogènes

Finalement, quel serait l'impact du Plan de transformation sur les besoins en ressources humaines de notre économie, et dans quels secteurs ? Nous identifions la possibilité d'un accroissement net de l'ordre de 300 000 emplois, sur les 4 millions d'emplois qui correspondent aux secteurs les plus directement concernés par la décarbonation (transports, logement, agriculture, fret, certaines industries, etc.).

Mais le contraste est fort entre les secteurs qui auront besoin de plus de monde et ceux qui devront réduire leurs effectifs, et au sein même de certains secteurs. C'est là que se joue la transformation : à l'horizon 2050, il y aurait au total environ 800 000 destructions d'emplois contre 1,1 million de créations sur les secteurs évalués, soit des mouvements équivalents à environ un quart des emplois étudiés – un niveau considérable.

La première évolution marquante vient du secteur de l'agriculture et de l'alimentation, qui verrait la plus forte hausse nette : près de 500 000 emplois supplémentaires sur les trente prochaines années, soit un tiers de plus qu'aujourd'hui. Irréaliste ? Il s'agirait simplement de revenir aux effectifs du début des années 1990, où la France n'était certainement pas considérée comme une économie agraire. Moins de machines, moins d'engrais, mais beaucoup plus de bras pour une production de fruits et légumes relocalisée (nous en importons actuellement l'essentiel), des pratiques agroécologiques généralisées, et plus de transformation à la ferme (du beurre, du yaourt ou du fromage chez les producteurs de lait par exemple, leur permettant plus d'indépendance pour écouler leur production et de meilleurs revenus). Ces effets ne seraient que très partiellement compensés par : d'une part une baisse des emplois agro-industriels, résultant d'une moindre consommation de produits transformés, notamment à base de viande ; d'autre part une réduction des activités de commerce de gros, car on mangera plus local.

L'industrie automobile, dans sa forme actuelle, serait la plus fortement impactée négativement, perdant environ 300 000 emplois, soit près de 40 % de ses effectifs, dont près de la moitié en aval de la filière, dans les activités de vente, d'entretien et de réparation. La cause principale : le recul de l'usage de la voiture, et par conséquent des ventes et de la production. L'électrification accentuera encore cette baisse, car une voiture électrique contient moins de pièces mécaniques, et demande par conséquent moins de main-d'œuvre pour la fabrication comme pour les réparations. Une relocalisation de la production automobile et le développement sur le territoire de la fabrication des batteries, ainsi que l'installation et l'entretien d'un réseau adéquat d'infrastructures de recharge amortissent partiellement ce résultat.

L'industrie automobile recèle cependant des atouts majeurs pour la recomposition bas carbone des industries de la mobilité, fortement créatrice d'emplois. Sa transformation peut ainsi devenir source d'opportunités, à condition qu'elle soit planifiée et non subie (voir 10. « L'automobile »).

L'impact est plus ambigu concernant la décarbonation des logements. Le PTEF prévoit la réduction du nombre de constructions neuves. À l'inverse, le nombre d'emplois augmenterait dans les activités de rénovation. Cette évolution en double sens pourrait aboutir à une perte nette de près de 90 000 emplois pour le secteur dans son ensemble, selon un scénario moyen. En outre, décarboner la construction neuve signifiera utiliser moins de ciment et de béton, mais aussi plus de bois : au bout du compte, cela pourrait signifier un gain net sur l'ensemble des trois activités, ciment, béton et bois.

L'essor des mobilités actives et de l'ensemble des véhicules électriques légers prévu par le PTEF devrait entraîner un très ample

développement économique dans ces secteurs. Rien que pour le vélo (électrique ou non), cela voudrait dire un gain total de plus de 230 000 emplois : les services aval de vente, d'entretien et de réparation verraient leurs effectifs multipliés par 12 pour atteindre plus de 180 000 emplois, tandis que les activités de fabrication relocalisées multiplieraient par 20 le nombre d'emplois actuel, jusqu'à près de 50 000 emplois. Une telle croissance est possible en positionnant l'industrie sur des vélos plus qualitatifs mais aussi plus durables et finalement plus économiques à l'usage, avec l'appui d'indices de durabilité et des obligations de garantie renforcées. Autre priorité : encourager activement les modèles industriels et artisanaux qui font appel à un maximum de compétences locales, et donc à plus d'emplois que le simple assemblage de pièces importées. Des leviers essentiels seraient la promotion du label « Origine France Garantie », qui assure une majorité de valeur ajoutée locale, un appui public à des initiatives groupées de fabrication française de cadres de vélo, et la promotion au niveau local de l'artisanat et de son écosystème.

Prendre moins l'avion et davantage le train pour les voyages lointains devrait s'avérer globalement neutre en emploi sur l'ensemble des secteurs de mobilité longue distance. Mais le contraste sera fort entre le transport aérien, qui perdra près de 40 000 emplois (une division par plus de deux de ses effectifs), et le transport ferroviaire qui devra en gagner tout autant. En amont, la forte augmentation de la production industrielle ferroviaire demandera au moins 20 000 emplois supplémentaires, même si cela serait à mettre en regard de pertes parmi les 200 000 emplois actuels de l'industrie aéronautique.

Le secteur du transport de marchandises devrait avoir un bilan légèrement positif en emploi, avec là encore des effets très disparates selon les domaines. Diminuer l'usage de camions voudra dire près de 100 000 conducteurs routiers en moins, mais aussi plus de 100 000 emplois additionnels dans la cyclologistique pour le dernier kilomètre. Et plus de 15 000 emplois à créer dans le rail et le transport fluvial, qui feront plus que doubler leurs effectifs actuels.

***Quid* des 8 millions d'emplois au total dans l'administration publique, la santé et la culture**, étudiées dans le cadre du PTEF ? Le nombre d'emplois dans ces trois secteurs ne devrait pas être impacté significativement par les transformations proposées, les évolutions nécessaires ayant d'abord trait à la manière d'exercer les métiers. Ainsi dans tous ces secteurs « aval », la capacité à mesurer les émissions de gaz à effets de serre deviendra importante, mais pourra être acquise par des personnels existants, exerçant des missions de contrôle. Dans l'enseignement, des disciplines essentielles à la transformation bas carbone de secteurs comme l'industrie et l'agriculture prendront de l'ampleur. Dans un système de santé réorienté vers la prévention et les pratiques bas carbone, la répartition des métiers évoluera : plus de personnel de santé formé aux enjeux de la nutrition, moins de responsables de production ou d'achats de médicaments… Dans le spectacle vivant, enfin, une limitation des jauges au profit d'événements plus petits, plus nombreux et mieux répartis sur le territoire, réallouerait l'emploi et pourrait en créer de nouveaux.

Trois mots d'ordre pour que la main-d'œuvre soit au rendez-vous : anticiper, accélérer, coordonner

Comment permettre à tout un chacun de trouver sa place dans une économie décarbonée, dont les besoins en nombre de personnes comme en compétences peuvent être très différents de ceux d'aujourd'hui ? Il faut pouvoir proposer le plus tôt possible des trajectoires professionnelles en lesquelles on peut avoir confiance

– en termes de perspectives globales sur l'emploi comme en termes de contribution à la décarbonation.

Parmi les transformations de l'offre de compétences à anticiper, trois types d'enjeux sont identifiables. *Primo*, tous les métiers existants, à tous les niveaux – et pas seulement au niveau managérial – doivent recevoir une formation aux enjeux énergie-climat. C'est la condition *sine qua non* d'une évolution collective et concertée vers l'économie bas carbone. *Secundo*, l'évolution nécessaire des pratiques doit devenir la priorité de chaque secteur, par exemple pour assurer le passage de l'agriculture conventionnelle aux pratiques agroécologiques. *Tertio*, il faudra bien sûr appuyer le développement de nouvelles compétences sectorielles.

Pour répondre à ces enjeux, il faut d'abord cesser de séparer les réflexions sur l'emploi de celles sur l'énergie et le climat, à court comme à long terme. Rares sont les secteurs où les acteurs – économiques, politiques, sociaux – s'y attellent de concert, et quand ils le font, c'est de manière encore très limitée. Des dispositions réglementaires, la formation des branches professionnelles et une coordination structurée des entités publiques nationales et territoriales responsables (transition écologique, travail, éducation, économie…) doivent pouvoir assurer une intégration systématique. Il devient alors envisageable de mieux cibler les efforts de formation initiale et continue, en volume comme en contenu, « là où ça coince » pour les besoins de la décarbonation, dans chaque secteur et de manière transversale. Par exemple, les besoins de formation continue dans l'électronique de puissance sont très importants pour l'électrification de l'automobile, mais il faut rapidement diminuer le volume de formation initiale dans les systèmes d'échappement. À l'inverse, les formations initiales comme continues à la fabrication ou à la réparation de vélos devront foisonner pour suivre la demande.

Il est essentiel de soutenir la demande de formation. Si les dispositifs individuels ont évolué favorablement dans la période récente, les TPE-PME sont encore très largement confrontées à un manque de temps et de moyens financiers pour faire suivre des formations non obligatoires à leurs salariés. La formation au label RGE (Reconnu garant de l'environnement), permettant l'accès aux aides pour la rénovation des bâtiments, n'est ainsi requise et souvent appliquée que pour une seule personne de l'entreprise, souvent choisie hors chantier précisément pour ces raisons… Il faut donc soutenir financièrement les TPE-PME dans ces démarches et réglementer plus strictement, de manière à assurer une concurrence loyale entre les entreprises qui investissent dans les compétences, sans assurance de les garder, et les autres. Enfin, il faut associer les grands donneurs d'ordre pour qu'ils accompagnent la formation de leurs fournisseurs à la suite des appels d'offres.

Dans ce nouveau « système emploi », une question reste plus épineuse que les autres : celle des reconversions. Mettre bout à bout les analyses quantitatives précédentes et les enjeux de métiers et de compétences permet de mieux planifier et de mieux coordonner les politiques de reconversion, comprenant la formation mais aussi l'accompagnement des personnes pour définir des parcours professionnels sécurisants et cohérents sur la durée. Par exemple, avoir identifié et quantifié les métiers de la construction neuve qu'il serait possible de reconvertir vers la rénovation du bâtiment ou les nouvelles activités de l'économie circulaire (déconstruction sélective plutôt que démolition, réemploi plutôt que mise au rebut et nouvel achat…) permet de cibler et de dimensionner l'accompagnement des personnes. Elles ont ainsi le soutien nécessaire pour leur éviter le stress d'un emploi en danger, et deviennent moteur de la transformation du secteur.

Les questions d'attractivité peuvent être évidemment des freins puissants – à la reconversion mais aussi à l'orientation des nouveaux entrants sur le marché du travail, en particulier les jeunes actifs. Une partie des emplois créés se situera en effet dans des métiers qui peinent déjà à trouver la main-d'œuvre nécessaire, pour des raisons parfois très différentes : travaux physiques, modestement rémunérés, comme de nombreux métiers agricoles ou du bâtiment, ou peu valorisés socialement, comme dans l'industrie ferroviaire. Revaloriser ces professions selon ces dimensions restera ainsi une condition préalable à la réussite de certains transferts entre secteurs.

Piloter la transformation de l'emploi : l'importance des territoires, l'urgence d'une politique industrielle nationale

Pour réussir la transformation, le rôle des territoires sera essentiel. Il l'est évidemment pour l'identification d'expériences locales réussies, qu'il faudra déployer à plus grande échelle. Il l'est aussi en raison de la proximité avec la myriade de petites entreprises qui concentrent la création d'emplois, une capacité d'innovation de terrain qui deviendra d'autant plus essentielle, et l'agilité nécessaire pour adapter les produits à une demande transformée – à condition de mieux les accompagner et de les aider à regrouper leurs forces. Quelques exemples doivent pouvoir inspirer l'action globale. Ainsi dans les Hauts-de-France, cette proximité entre organisations territoriales et TPE-PME de l'industrie ferroviaire, qui représentent les deux tiers de l'emploi de la filière, facilite les recherches dans la région de compétences de soudure, en forte tension, ou le prêt de main-d'œuvre depuis l'industrie aéronautique ou automobile. Dans le Cambrésis, l'implication des acteurs locaux avec l'Ademe a permis l'instauration d'un dialogue structuré entre entreprises de la rénovation du bâtiment et organismes de soutien à l'emploi. Appuyé sur un diagnostic partagé de l'offre et de la demande de main-d'œuvre sur quatre ans, métier par métier, il doit permettre le réel développement du secteur, au-delà des effets d'annonce. De même, dans la Meuse, la difficile coordination de TPE-PME du bâtiment pour réussir et plus encore garantir des rénovations

FORMATION
JEAN-PAUL EMPLOI
RECONVERSIONS
ÇA RÉPAR'
GO GO CARGO
DENTISTE
ARCHI-HO!
céramique
merci

globales efficaces – par exemple pour que l'électricien ne réduise pas à néant les efforts d'isolation des murs du plâtrier – n'a été possible que par un dialogue rapproché et structuré au niveau local. Le seul soutien financier d'un grand donneur d'ordre n'avait pas suffi à répondre à des intérêts locaux très contrastés.

Mais l'État doit pouvoir fournir une boussole nationale concrète et stable, pour piloter la transformation de l'emploi secteur par secteur d'une part, et d'un secteur à un autre d'autre part. C'est essentiel pour assurer la convergence vers les objectifs nationaux de l'ensemble des actions territoriales, notamment celles des régions qui disposent d'attributions clés pour l'emploi comme pour la décarbonation. L'implication de l'État est aussi la condition pour vaincre les résistances des acteurs économiques au développement de dialogues intersectoriels : les acteurs industriels de l'automobile sont-ils prêts d'eux-mêmes à organiser une décroissance inévitable du secteur tel qu'il existe aujourd'hui, même relocalisé, et la recomposition des emplois et des compétences vers des industries de mobilité plus légères comme le vélo ? Le rôle des corps intermédiaires (organisations syndicales et patronales, fédérations professionnelles, etc.) est fondamental dans le processus, et doit être renforcé.

Pour réussir la délicate transformation de l'emploi, indispensable à la décarbonation du pays, on aurait tort d'ignorer les leçons du passé. Des études officielles ont démontré que la stratégie de subventions au marché sans guide ni contreparties, notamment vers les plus grandes entreprises, n'est guère efficace, voire a encouragé le mouvement de délocalisations. L'abandon effectif des PME a conduit à l'aggravation du phénomène français de surconcentration du pouvoir économique aux mains de grandes entreprises (par contraste avec l'Allemagne ou l'Italie par exemple). Cet abandon a accentué l'affaiblissement des chaînes de valeur. La perte de compétences du fait du délaissement généralisé voire de la dévalorisation des filières industrielles, à l'inverse de proches voisins européens et de bien d'autres pays, a réduit la possibilité d'un positionnement sur la qualité. Le soutien aux filières a tenu essentiellement à une série d'appels à projets territoriaux et nationaux, marqués par un déclenchement erratique d'aides peu accessibles aux PME. Surtout, ces appels à projets apparaissent insuffisants pour assurer une cohérence avec les objectifs qui sont ceux auxquels nous nous sommes engagés en tant que nation : une transformation rapide, soutenue et de grande ampleur.

Orienter, coordonner et appuyer la multitude d'acteurs impliqués nécessitera au contraire la mise en place de politiques industrielles intégrées ambitieuses. Nous pourrons pour cela nous inspirer d'expériences réussies. Certaines viennent de l'étranger, mais ont fait l'objet d'études permettant d'identifier des mécanismes réplicables de pilotage concerté vers un objectif commun. Ici même, le Commissariat général au plan est un exemple reconnu de réussite de telles politiques concertées, dans une France d'après-guerre unie autour d'un objectif clair de reconstruction et d'équipement. Une France unie autour de l'évolution vers les emplois de demain.

13

L'administration publique

Le secteur aujourd'hui

20 % de l'emploi en France

30 % du parc immobilier tertiaire

2/3 des repas servis en restauration collective

- Objectifs de baisse de la consommation énergétique des bâtiments publics
- Objectifs (limités) de passage à l'électrique de la flotte de véhicules
- Introduction de repas végétariens dans les cantines
- Cadre pour intégrer les critères « carbone » dans la commande publique

2022-2027 : les leviers pour décarboner

- **Faire des bilans carbone** complets dans toutes les administrations
- **Assurer la transparence** des actions menées, pour faire de la décarbonation des services publics un enjeu électoral
- **Former** tous les agents... et les élus !
- **Rendre la décarbonation prioritaire :** intégrer l'impact carbone, la résilience et la sobriété à tous les niveaux (du numérique aux déplacements professionnels)
- **Renforcer les objectifs :** électrification des véhicules, plafond carbone des repas, etc.

La transformation à horizon 2050

L'administration est exemplaire et en mesure de conduire la transition bas carbone de la société

Résilience

L'administration sait faire face aux aléas climatiques et énergétiques pour assurer ses missions essentielles

Emploi

Maintien des emplois

100 % des agents sont formés aux enjeux climat, à la sobriété et à la résilience

Pourquoi s'intéresser à l'administration publique ? Ne se décarbonera-t-elle pas mécaniquement, à mesure que l'ensemble des secteurs d'activité auxquels elle a recours pour son fonctionnement réduiront leurs émissions de gaz à effet de serre (GES) ?

Avec environ **5,9 millions de personnes** (fonction publique et organismes de sécurité sociale), soit 20 % de l'emploi total en France, l'administration publique constitue un bloc d'émissions de GES significatif largement à la main des décideurs politiques.

L'administration a aussi un pouvoir de prescription puissant *via* les achats publics, qui représentent 5 à 10 % du PIB français. Si l'État et les collectivités décident de réduire l'empreinte carbone des repas servis dans leurs cantines, cela concerne deux tiers des 3 milliards de repas servis chaque année dans la restauration collective. Et cette dynamique se propagera dans toute la filière alimentaire.

L'administration publique présente aussi **un enjeu de résilience majeur : celui de la continuité du service public pour tous et partout**. Sécurité publique, distribution de l'eau, enseignement : autant de missions dont on ne peut pas se passer très longtemps et qui sont encore plus indispensables en période de crise.

Tous les citoyens et les acteurs économiques sont en contact quasi quotidien avec l'administration publique, ce qui lui confère un énorme potentiel d'influence sur les Français.

Songeons aux établissements scolaires. S'ils optent pour une utilisation modérée du chauffage, des réflexes de sobriété numérique, des repas durables à la cantine, une organisation favorisant l'usage du vélo et des transports en commun, cela influencera à long terme le comportement des élèves et de leurs parents.

Et si l'administration publique n'est pas en première ligne pour montrer l'exemple, comment sera-t-elle crédible pour pousser, *via* les politiques publiques, la transition bas carbone de l'ensemble de la société ? **Lancer la décarbonation de l'administration publique est un prérequis pour initier la décarbonation de tout le pays.**

La transition bas carbone est engagée…

Nombre d'élus, de décideurs et d'agents publics sont conscients de l'importance d'agir, et ont bien identifié les premières priorités pour réduire les émissions : diminuer la consommation énergétique des bâtiments, décarboner et limiter les déplacements des agents ou des usagers, agir sur la commande publique en intégrant systématiquement des critères environnementaux dans les marchés publics, ou encore déployer la sobriété numérique. La transition a bel et bien été initiée : les administrations ont des obligations sur la rénovation des bâtiments tertiaires, la restauration collective ou le renouvellement des véhicules. L'État a lancé en 2020 l'initiative « Services publics écoresponsables ». De nombreuses collectivités affichent des objectifs ambitieux (« zéro carbone », territoire « résilient » ou « durable »). Enfin, beaucoup d'agents publics manifestent au quotidien leur volonté d'agir.

… mais de manière insuffisante

Une majorité de structures ne disposent pas de bilan de leurs émissions de GES, même lorsque la loi les y oblige. Environ un quart des bilans carbone rendus publics se limitent au minimum requis, c'est-à-dire à la consommation directe d'énergie. Parmi ceux qui vont au-delà, beaucoup n'évaluent pas les émissions liées aux achats, aux déplacements domicile-travail des agents ou aux visites des usagers. L'analyse des émissions de la commande publique ou du numérique est quasi inexistante.

Cela n'empêche pas, heureusement, de commencer à agir. Mais sans ces éléments, difficile pour une structure d'identifier les priorités d'action, puis de cibler et d'optimiser ses efforts. Avec un tel **défaut de connaissance**, il est tout aussi difficile de mettre en place le cadre réglementaire, les dispositifs financiers et les boîtes à outils méthodologiques et techniques pertinents. C'est enfin un problème pour s'engager sur la voie de la résilience : connaître ses dépendances énergétiques, c'est pouvoir identifier ses vulnérabilités et donc se préparer à faire face à des chocs énergétiques ou météorologiques qui, on le sait, ne vont qu'augmenter dans les années à venir.

Les objectifs affichés manquent souvent d'ambition. Ils ont tendance à être cantonnés aux sujets faciles et mûrs, comme la réduction du plastique ou le recours à du papier recyclé. Ou alors, ils s'arrêtent à mi-chemin. Par exemple, les plans de mobilité demandés aux services de l'État devraient inclure les déplacements domicile-travail et les visites des usagers, au lieu de se limiter aux déplacements professionnels.

La **question de la sobriété** est trop souvent passée sous silence (même si les contraintes budgétaires se traduisent par une forme de sobriété sur les achats).

Bref, **l'administration ne joue pas le rôle de précurseur et de locomotive qu'on peut attendre d'elle.** L'exemplarité est trop souvent « défensive », au sens où elle vise surtout à éviter les critiques. Un exemple : le parc automobile public est constitué d'environ 400 000 véhicules légers ou utilitaires légers qui sont encore à plus de 80 % à motorisation diesel ou essence. La loi impose, au moment du renouvellement des véhicules, que la moitié des nouveaux véhicules de l'État (30 % pour les collectivités) soient « à faibles émissions ». Pourquoi ne pas imposer que 100 % des nouveaux véhicules soient « à très faibles émissions », et imposer un critère sur la taille de tous les véhicules administratifs, y compris ceux des ministres, préfets et présidents de collectivités ? L'administration pourrait alors casser la représentation selon laquelle avoir une grosse voiture puissante est un attribut du pouvoir. Symbolique ? Peut-être. Mais les symboles font partie des éléments essentiels pour transformer en profondeur une société.

Quant à **la résilience aux effets du dérèglement climatique et à la raréfaction des énergies fossiles, il s'agit encore largement d'un angle mort** pour l'administration publique. Le ministère des Armées mène un travail approfondi en la matière, et des collectivités comme le conseil départemental de la Gironde ont choisi d'en faire le point d'entrée de leurs actions en matière de développement durable. Cependant les administrations mobilisées par le sujet sont encore rares.

La priorité est dès lors de changer de dimension dans l'ampleur, l'intensité et surtout le portage et la mise en œuvre des actions de réduction des émissions des GES. Autrement dit, il faut passer d'efforts qui reposent trop souvent sur l'investissement d'agents convaincus à un mouvement généralisé entraînant et accompagnant l'ensemble de l'administration.

Nos propositions pour généraliser la décarbonation dans l'administration publique

Sans surprise, il n'y a pas de solution miracle ou de mesure unique, mais un faisceau de leviers qui doivent être activés et se concrétiser au cours des cinq années à venir.

Améliorer la mesure du problème pour prioriser les actions. Cela suppose de renforcer les obligations en matière de bilan carbone, pour que toutes les structures disposent d'ici cinq ans de bilans complets et de plans d'action suivis et actualisés.

Mieux accompagner les structures au niveau méthodologique et technique, en coordonnant les actions menées par les nombreux organismes compétents (agences publiques, associations d'élus, secteur privé). Il est indispensable de créer un centre de ressources unique rassemblant toutes les informations, guides techniques et juridiques existants, aujourd'hui dispersés sur une multitude de sites Internet.

Former à l'urgence climatique et à la transition bas carbone. Il s'agit d'accompagner l'évolution de certains métiers au cœur de la décarbonation (acheteur public, cuisinier, informaticien), mais pas seulement. Tous les agents, quel que soit leur niveau hiérarchique, doivent avoir conscience de l'importance des enjeux de la transition bas carbone et en connaître les implications pour leur mission. Et parce que le manque de connaissance de ces enjeux et des conséquences de l'inaction est criant au sein du personnel politique, il est impératif de former ministres et élus au moment de leur prise de fonction.

Faire de la décarbonation interne une priorité portée au plus haut niveau, afin d'irriguer l'ensemble de l'administration. Il est indispensable de passer d'une logique de communication ponctuelle, qui ne se traduit pas toujours dans les faits, à une logique d'intégration au quotidien, dans toutes les décisions relatives au fonctionnement et à l'organisation d'une structure.

Mettre en place au niveau national un plan de décarbonation du secteur public, décliner dans un service de l'administration un plan d'action fondé sur un bilan carbone, ce n'est pas construire un projet à part confié à une équipe « développement durable » isolée. C'est une priorité collective, qui doit être assignée à tous ceux qui détiennent des leviers (services financiers, ressources humaines, direction informatique, services logistiques, ensemble des managers). Et cela réclame nécessairement une impulsion politique forte, claire et soutenue dans le temps.

Si on envisage d'inscrire la lutte contre le changement climatique dans la constitution, pourquoi ne pas l'inscrire aussi parmi les obligations des fonctionnaires ?

Repenser les méthodes de travail et mobiliser tous les agents. La transformation bas carbone de l'administration n'adviendra pas juste par des instructions venues d'en haut. Pour créer une dynamique collective au sein de chaque communauté de travail, il faut encourager et valoriser les initiatives portées par les agents, et mettre la concertation et le dialogue social au cœur de cette démarche. C'est indispensable pour rendre la transformation non pas seulement acceptable, mais désirée. L'administration publique a pour cela un atout majeur : la culture de l'intérêt général qui imprègne ses personnels.

Raisonner sur le long terme. S'attaquer à des sujets complexes comme la rénovation énergétique des bâtiments, la gestion de l'eau, la sobriété numérique ou la commande publique suppose de sortir d'une logique de court terme et d'annualité budgétaire. Les décisions et les investissements d'aujourd'hui déterminent les économies (ou les dépenses) et la capacité de résilience (ou les fragilités) de demain. La clé pour traiter ces sujets ? Planifier, anticiper et intégrer la contrainte carbone dans tous les outils de planification existants.

Prendre au sérieux la question de la résilience. Celle-ci doit être intégrée dans tous les processus de décision. Le numérique reste par exemple présenté comme LA solution pour améliorer la qualité du service, réduire les dépenses et résoudre certaines problématiques environnementales ; mais les fragilités et dépendances liées au « tout numérique » sont insuffisamment prises en compte, voire ignorées. Il n'y a pas que les risques de cyberattaque ou pour la sécurité des données en général : quelle est la résilience des systèmes informatiques en cas de contraintes sur l'approvisionnement énergétique ?

Faire de la décarbonation un argument électoral. Aujourd'hui, beaucoup d'élus aiment communiquer lorsqu'ils inaugurent un équipement neuf. Pourquoi ne pas mettre à l'honneur des bâtiments qui viennent d'être rénovés ? L'une des clés d'un tel changement sera la transparence. On pourra se référer à un « budget vert » ou à des labels pour caractériser précisément les efforts et les progrès. On pourra aussi imposer aux ministres ou aux présidents d'exécutifs locaux de présenter chaque année leur bilan en matière de réduction des émissions de leurs administrations. Les actions de décarbonation doivent faire partie du programme des candidats comme du bilan d'un « sortant » et devenir ainsi un critère objectif lors du vote.

Quelles actions pour quels impacts ?

Compte tenu de l'absence de nombreuses données, **les conséquences chiffrées des mesures préconisées n'ont pu être évaluées que sur quelques postes d'émissions, qui représentent un potentiel de baisse d'au moins 16,6 millions de tonnes équivalent CO_2 ($MtCO_2eq$)**.

L'évolution de la composition des menus et la lutte contre le gaspillage alimentaire peuvent à elles seules permettre de réduire de moitié les émissions annuelles des repas servis dans les restaurants collectifs, qui passeraient de 4,3 $MtCO_2eq$ à moins de 2,2 $MtCO_2eq$.

Les émissions des déplacements domicile-travail des agents publics sont de l'ordre de 5 $MtCO_2eq$ par an. Elles pourraient être ramenées à 0,1 $MtCO_2eq$ par an en 2050 grâce à la décarbonation des mobilités quotidiennes. L'administration y contribuera en encourageant et en facilitant le recours à des transports peu ou pas émetteurs de carbone pour se rendre au travail, et en développant le télétravail.

Les émissions liées aux déplacements professionnels effectués en voiture pourraient passer de 4,2 $MtCO_2eq$ par an en 2020 à 0,3 $MtCO_2eq$ en 2050. Grâce à la réduction de 10 % de la flotte permise par la mutualisation et la diminution des kilomètres parcourus en voiture, à l'électrification de 100 % du parc public de véhicules légers et utilitaires légers, à un renouvellement moins fréquent et au recours à des véhicules plus petits équipés de batteries fabriquées en France.

La baisse de 60 % de la consommation énergétique des bâtiments d'ici 2050, objectif imposé par la loi, la suppression du chauffage au fioul et le remplacement du chauffage au gaz par du chauffage électrique ou par des pompes à chaleur ramèneraient les émissions du parc immobilier public de 7,4 $MtCO_2eq$ en 2019 à 1,7 $MtCO_2eq$ en 2050.

La décarbonation de l'administration française n'aura **pas d'impact quantitatif significatif sur l'emploi**. Les principaux changements porteront sur la nature des missions et sur les compétences attendues. On observera aussi des évolutions organisationnelles, comme l'essor du management à distance et l'évolution de la relation avec les usagers.

À quelle échéance et à quel coût ?

Les mesures techniques tout comme les leviers organisationnels peuvent être mis en œuvre immédiatement. Ils ne se font pas concurrence, ni sur le plan des acteurs à mobiliser, ni sur celui des financements.

L'amélioration de la performance énergétique des bâtiments requiert des budgets importants (plusieurs centaines de milliards d'euros). Ces moyens sont très supérieurs à ceux nécessaires à court terme pour remplacer les véhicules thermiques par des véhicules à très faibles émissions – ou aux économies non négligeables engendrées par la sobriété en matière d'achats, la lutte contre le gaspillage alimentaire, etc.

Il ne s'agit pas dès lors de renoncer à certaines mesures de décarbonation pour pouvoir financer la rénovation des bâtiments : il faut mettre en place un mécanisme de financement sur le long terme consacré à constituer un parc immobilier public exemplaire.

Leviers techniques et organisationnels ne peuvent être mobilisés simultanément de manière efficace que s'ils s'articulent entre eux et se renforcent les uns les autres. Limiter les déplacements va de pair avec des outils numériques performants... à condition que ces derniers soient sobres et résilients, etc.

Toutes ces actions peuvent porter de premiers fruits visibles d'ici cinq ans, surtout si dans le même temps d'autres secteurs (alimentation, mobilités, numérique) ont suffisamment avancé dans leur propre transformation bas carbone.

En revanche, les effets les plus importants d'un plan de rénovation énergétique des immeubles publics se matérialiseront jusqu'en 2050, échéance fixée pour une réduction de 60 % de la consommation énergétique des bâtiments tertiaires. De même, les réductions significatives des émissions de GES des réseaux d'eau ou des infrastructures routières ne se concrétiseront qu'au fil du renouvellement programmé de ces infrastructures.

Décarboner, une opportunité pour améliorer l'action publique

Dans bien d'autres secteurs, décarboner nécessite des renoncements importants. **La transformation ébauchée ici ne remet pas en cause les missions de l'administration publique. Elle conditionne au contraire la pérennité des services publics.** S'organiser pour assurer la continuité des services essentiels en cas d'aléas suppose toutefois d'identifier et de hiérarchiser les missions prioritaires. Un exercice qui doit nécessairement être transparent et démocratique.

Mieux encore, réduire les émissions de GES de l'administration, tout en faisant en sorte que chaque facette de l'action publique contribue à la résilience de notre société, conduira à atteindre d'autres objectifs importants.

ÉCOLE
Mairie

La sobriété carbone, indispensable pour pouvoir envisager une réduction des émissions de GES à la hauteur des enjeux, est un levier de **maîtrise de la dépense publique**.

Pensés dans le cadre d'une même démarche globale cohérente de transformation, le développement du télétravail, la digitalisation des procédures, la rationalisation des implantations immobilières ainsi que l'optimisation des lieux d'accueil peuvent participer à limiter l'empreinte carbone. Ces leviers auront aussi des conséquences sur les relations entre l'administration et les usagers. À condition d'intégrer systématiquement l'objectif d'accès aux services publics pour tous et partout, ces évolutions peuvent aboutir à une **amélioration du service pour l'ensemble des usagers**, en concentrant les moyens d'accompagnement sur ceux qui en ont le plus besoin.

Le recours aux outils numériques et au télétravail permet de limiter les déplacements. S'il est maîtrisé, accompagné et concerté, c'est aussi une opportunité pour **rénover les pratiques** professionnelles et managériales, améliorer la qualité de vie au travail et permettre un meilleur équilibre entre vie professionnelle et vie personnelle.

Une administration sobre et exemplaire, mobilisée par un enjeu qui préoccupe toute la société, améliorera son image auprès des citoyens et de ses propres agents. Elle n'en sera que **plus attractive** pour les futures recrues.

En réalité, une transformation bas carbone bien menée est de nature à emporter l'adhésion des agents publics comme des usagers.

Enfin, parce qu'elle aura conduit sa propre transition et expérimenté ses écueils, **l'administration sera plus légitime et capable d'être plus pragmatique pour mener à bien la transition bas carbone de l'ensemble de la société**.

Décarboner l'administration publique, c'est à la fois une obligation pour respecter les engagements internationaux de la France… et une opportunité à ne pas manquer. « Décarbonation bien ordonnée commence par soi-même » devrait donc être un leitmotiv pour tout nouvel exécutif.

14

La santé

Le secteur aujourd'hui

2,5 millions d'emplois, soit **9,3 %** des actifs

8 % des émissions nationales de GES[1]

Un enjeu de résilience majeur : la prospérité des sociétés dépend de la pleine santé des populations

- Initiatives locales portées par des acteurs de la santé
- Incitations à rénover les bâtiments
- Peu de bilans carbone réalisés malgré les obligations légales
- Méconnaissance des vulnérabilités du secteur face aux chocs énergétiques et climatiques

2022-2027 : les leviers pour décarboner

- **Raccourcir les chaînes d'approvisionnement** avec possibilité de relocaliser et de diversifier
- **Instaurer un pilotage national** de la décarbonation du secteur sanitaire
- **Déployer fortement les politiques transversales santé-environnement**
- **Réduire les GES** des postes à plus fortes émissions (achats, déplacements, bâtiments) de **5 %** par an
- **Intégrer aux formations initiales** un module de compréhension des enjeux énergie-climat et financer la recherche sur le sujet
- **Mieux évaluer les flux physiques** du secteur et augmenter la réalisation de bilans carbone

La transformation à horizon 2050

Résilience

Un système de santé préventif qui réduit les inégalités et préserve le capital santé

Un système plus robuste, moins coûteux et plus sobre

Emploi

Des opportunités d'emplois revalorisés (infirmiers, chauffeurs, ouvriers BTP, ambassadeurs climat)

Création d'emplois par la relocalisation d'activités industrielles stratégiques

[1] GES = gaz à effet de serre

État des lieux.
Un secteur carboné qui s'ignore

Le dérèglement climatique devrait profondément perturber notre système de santé. L'offre et l'activité de soins vont être bouleversées. D'une part, il va falloir réduire des émissions de gaz à effet de serre (GES) et chercher des substituts aux ressources fossiles. D'autre part, il faudra gérer les conséquences de la dégradation des écosystèmes et des crises climatiques sur la santé des populations : propagation de maladies, augmentation des températures, ou encore aggravation des inondations et des sécheresses.

Dans de telles conditions, comment assurer un fonctionnement des services de santé durable et résilient, et comment préserver le droit de chacun à une bonne santé ?

Répartition des émissions du secteur de la santé

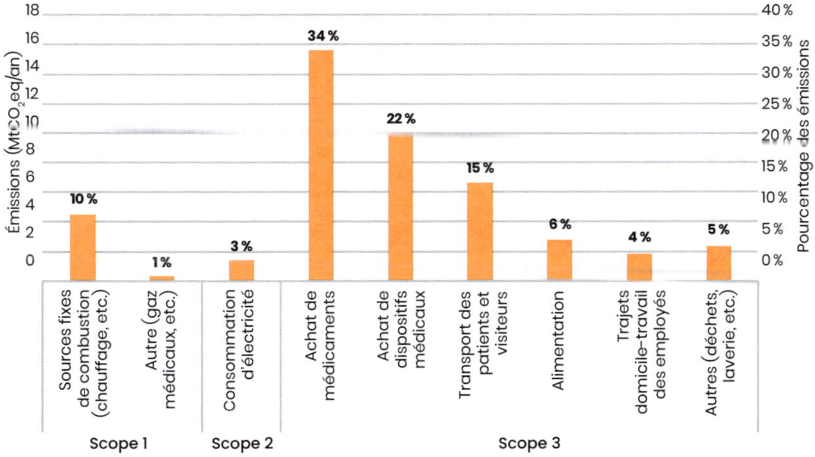

Si les conséquences attendues du changement climatique sur la santé sont assez bien connues, rares sont les analyses traitant de l'impact sur le climat du secteur de la santé en lui-même. Or cet effet apparaît significatif, puisqu'en France, les émissions de la santé représentent plus de 46 millions de tonnes équivalent carbone (tCO_2eq), soit environ 8 % du total national.

Des GES sont émis pour chaque ambulance, hélicoptère ou voiture transportant un patient, pour chaque médicament ou vaccin administré, pour chaque repas servi en établissement, pour chaque bâtiment chauffé, pour chaque trajet domicile-travail effectué par les professionnels du secteur. Les émissions induites par le secteur de la santé sont un reflet de sa dimension économique : 2,5 millions de professionnels soit 9,3 % de l'emploi en France.

Pour autant, de plus en plus de professionnels de santé ont conscience de l'impact environnemental associé à leurs activités : en témoignent les nombreuses initiatives pour la réduction des déchets (par exemple au centre hospitalier [CH] de Moulins-Yzeure), le remplacement des systèmes de chauffage (par exemple au CH de Niort) ou l'arrêt de l'utilisation de gaz anesthésiants trop réchauffants (voir les travaux de la Société française des anesthésistes réanimateurs).

Ces efforts de décarbonation, s'ils s'amplifient, auront un autre effet capital : celui de contribuer à la résilience du secteur, en limitant sa dépendance aux énergies fossiles et les vulnérabilités qui en découlent.

Le déficit de connaissances sur les émissions directes et indirectes doit être comblé : c'est la première urgence. La santé fait partie des secteurs dans lesquels la prise en compte des enjeux climatique est encore balbutiante. Comment imaginer qu'une Agence régionale de santé intègre un plan de décarbonation efficace dans sa politique de santé publique, si elle n'est pas même consciente des effets du fonctionnement du système de santé sur l'environnement ni de sa dépendance au pétrole ? Comment la direction d'un hôpital peut-elle mettre en œuvre une politique d'achat durable si elle ignore que ses achats représentent plus de la moitié de ses émissions ? Même un chirurgien-dentiste qui se chauffe au gaz doit pouvoir faire des choix pertinents lorsqu'il décide de rénover son cabinet.

De très nombreuses structures, soumises ou non à une obligation légale de publication de leur bilan carbone, n'ont pas encore réalisé cet exercice. De plus, la réglementation actuelle n'impose pas aux établissements faisant leur bilan carbone de prendre en compte leurs émissions indirectes, qui représentent pourtant plus de 87 % des émissions totales du secteur, selon notre estimation... Ces émissions indirectes sont par exemple issues de la fabrication des médicaments ou des déplacements des patients et professionnels jusqu'à l'établissement (ces différents postes d'émissions indirectes sont regroupés sous le terme « scope 3 », voir la figure ci-dessus).

Un établissement de santé peut ainsi réaliser le bilan carbone de son activité en passant à côté de la grande majorité de ses émissions, tout en respectant la réglementation.

Le manque de formations aux enjeux environnementaux proposées aux étudiants et aux professionnels de la santé est tout aussi criant. Les trois quarts des quelque 3 000 étudiants en santé interrogés par le Shift Projet affirment ne pas avoir bénéficié d'enseignements sur les enjeux climatiques ou environnementaux. La demande est pourtant là : 84 % de ces étudiants estiment qu'ils devraient être formés. L'intérêt manifesté par les jeunes professionnels de santé se double souvent d'une inquiétude profonde concernant l'avenir du système de santé face aux enjeux climatiques, énergétiques et environnementaux en général.

Nos propositions pour les cinq ans à venir. Déployer les outils de la transformation : adaptation, formation et prévention

À cause de l'altération de l'environnement, le système de santé va devoir faire face à une augmentation des pathologies, et risque en outre d'être confronté à des crises énergétiques. **Rendre le secteur de la santé résilient impose de placer la sobriété au centre des pratiques de soin… et des modes de vie !**

Pour ce faire, il faudra calculer et classifier rigoureusement les émissions du secteur, pour comprendre où et comment appliquer la sobriété.

La prévention doit devenir une priorité fondamentale : accompagner fortement la baisse des addictions, accentuer le (télé)suivi des malades polypathologiques ou chroniques afin de participer aux détections précoces et faire baisser les hospitalisations inutiles, inciter au changement de l'offre alimentaire et de la mobilité, proposer un modèle incitatif de prescription au plus près du besoin, etc.

Ces changements ne pourront s'opérer que *via* la participation active des acteurs de santé. Ainsi, **la formation aux enjeux énergie-climat** est une mesure clé de la transformation. Les formations initiales et continues (sanitaires, paramédicales, médico-sociales, administratives, de direction, etc.) intégreront un module sur le réchauffement climatique et l'impact carbone du secteur de la santé, et leurs effets sur la santé. Les professionnels de santé sont légitimes pour devenir des porte-parole des enjeux de santé liés à l'environnement.

Il s'agit ensuite de **cibler les postes les plus fortement émetteurs** en soumettant les structures à **l'obligation de réaliser un bilan carbone complet** (y compris « scope 3 » !). Pour ce faire, ces structures doivent pouvoir s'appuyer sur des travaux de recherche financés de façon adéquate.

Les achats. Ce poste est responsable de plus de 60 % des émissions, dont environ 55 % pour les seuls achats de médicaments et de dispositifs médicaux. La délivrance ou le renouvellement de l'autorisation de mise sur le marché peuvent être conditionnés à la publication du contenu carbone du médicament. Il faudra coupler cette mesure à une implication des professionnels (pharmaciens autant que médecins) et des sociétés savantes dans l'adaptation des pratiques moins consommatrices d'équipements et de matériels médicaux, ainsi qu'à une maîtrise de la demande en agissant sur la prévention. En outre, la relocalisation partielle de certaines molécules essentielles en Europe est cruciale pour la résilience du secteur.
Les bâtiments. Chaque fois qu'un Ehpad consomme du gaz pour produire de l'eau chaude ou qu'un cabinet de kinésithérapeute consomme du fioul pour son chauffage, des GES sont émis. Le gros des émissions d'un bâtiment se fait par l'usage des équipements qu'il contient (chauffage, refroidissement, eau chaude sanitaire, éclairage, etc.). Pour réduire ces émissions, il faut d'abord « massifier » la rénovation des bâtiments existants. Cela participera à la transition des secteurs de l'énergie et du bâtiment. Cela pourra aussi offrir un meilleur confort aux patients, aux soignants et au personnel administratif. Bien sûr, ces mesures ne pourront être vraiment efficaces que si l'utilisation des bâtiments est régulée, afin de permettre de réduire la consommation énergétique globale. Les comportements et les modes d'organisation sont aussi importants que les leviers techniques pour obtenir des gains énergétiques… et financiers !
Les déplacements sont une autre source majeure de flux physiques pour le secteur de la santé. Les émissions liées aux déplacements des patients, des visiteurs et des professionnels du secteur représentent environ 15 % des émissions. Pour décarboner les déplacements, il faut agir à la fois sur les besoins et sur les modes de transport. Pour optimiser les déplacements, un outil existe déjà : les plans de mobilité (PDM), qui doivent devenir obligatoires au moins pour les plus grands établissements de santé. Les PDM englobent les trajets domicile-travail des professionnels de santé, leurs déplacements

professionnels, le transport des patients, mais aussi celui des visiteurs, des fournisseurs, des marchandises ou encore des partenaires. Les PDM permettront de favoriser le recours aux transports en commun, au covoiturage ou encore au vélo et au vélo électrique.

En plus des nombreux bénéfices santé-environnement associés au développement des mobilités actives, les PDM sont l'occasion d'interpeller les acteurs locaux (et nationaux) sur les besoins spécifiques des acteurs de santé : horaires décalés et manque d'offre de transports en commun adéquate, établissements peu accessibles en vélo, impossibilité de cumuler les aides pour les transports en commun et pour l'achat d'un vélo, etc.

En outre, il est possible de réguler les déplacements *via* **le développement organisé et à bon escient de la télémédecine**. L'usage de la télémédecine est par exemple pertinent pour les consultations de suivi (par exemple le renouvellement d'ordonnance) ou encore dans le cadre de demandes d'avis spécialisés sous forme de télé-expertise (par exemple l'avis sur des lésions suspectes en dermatologie).

Pour un pilotage de la décarbonation de la santé. Ici encore, la coordination de l'ensemble de ces mesures nécessite l'engagement de tous les acteurs et de toutes les professions dans une démarche commune de décarbonation. Pour les pouvoirs publics, cela passe par un portage politique fort, des moyens et un accompagnement significatifs, le tout dans le cadre d'une stratégie nationale cohérente. L'empreinte carbone de la France ne fait aujourd'hui l'objet d'aucun pilotage national. Il serait pertinent d'instaurer une « mission énergie-carbone en santé » placée sous la tutelle du ministère de la Santé et du ministère de l'Environnement. Cette mission intégrera toutes les interactions avec les autres secteurs, en envisageant à la fois des mesures liées à la technologie et à l'efficacité, et des mesures liées à l'organisation et à la sobriété des usages.

Au niveau national, au sein du système hospitalier, la mission aura pour objectif de réaliser une étude nationale énergie carbone en santé, d'abord constituée à partir d'établissements de santé volontaires, permettant une modélisation des flux de matière et d'énergie absorbés, transformés et rejetés par l'établissement.

PRÉVENTION
POMPE À CHALEUR

Après la transformation. La santé humaine e(s)t environnementale

Les mesures visant la seule décarbonation du secteur de la santé ne suffiront pas à encaisser l'augmentation à venir de la pression sur les services de santé. Une transformation plus profonde de notre système est indispensable et s'accompagne de nouveaux concepts de santé.

En 2050, les usagers du système de santé seront des patients « actifs », mieux informés des risques environnementaux pour leur santé, capables d'intégrer les bénéfices réciproques entre santé et environnement dans leur quotidien. Ils seront soutenus par **un système hautement préventif**.

Le patient de 2050 trouvera la réponse à ses besoins essentiels de santé dans un tissu local de professionnels pratiquant l'exercice coordonné du soin et du recours aux « éco-soins ». Il participera à la construction avec les acteurs du territoire des conditions de la santé (pistes cyclables, entretien des logements, alimentation, îlots de fraîcheur en ville ou lutte contre l'isolement en campagne). Le cas échéant, il pourra se déplacer plus sobrement et facilement vers les hôpitaux, et bénéficier d'un suivi personnalisé grâce à une meilleure coordination entre médecine de ville et hôpital.

La mobilisation de concepts comme ceux de « santé-environnement », « santé planétaire » ou « *one health* » aidera à mettre en avant les liens de cause à effet entre la préservation de l'environnement et notre santé.

De telles approches sont pertinentes pour fonder un objectif fort de décarbonation, puisqu'elles visent conjointement une amélioration du bien-être humain et environnemental. La décarbonation est un levier majeur de prévention et de promotion de la santé. Tandis que le système de soins s'attache à corriger les effets morbides de maladies déjà présentes, la santé-environnement cherche à préserver les conditions communes d'une bonne santé individuelle et collective. Cette approche agit sur les causes et s'inscrit dans une démarche « amont » plutôt qu'« aval » : cela permet à la fois de préserver le capital-santé des individus et l'efficacité du système de soins, en rendant ce dernier plus résilient face aux tensions en approvisionnement.

À titre d'exemple, moins une population a de comorbidités, plus elle sera résistante aux attaques de type infectieux.

Soutenir une transition vers **un système préventif plutôt que curatif, c'est opérer une transition vers un système de santé plus sobre dans les pratiques de soins** (surprescription régulée par modification des incitations financières, nouveaux conditionnements des médicaments adaptés aux prescriptions) et plus efficace dans la préservation du capital-santé par la prévention, qui évite les maladies ou permet de prendre les patients en charge plus tôt.

Le développement audacieux de politiques transversales santé-environnement est la meilleure façon de développer des bénéfices communs pour la santé, l'environnement et la réduction des inégalités d'accès aux soins. Cela implique de mobiliser de concert les secteurs de l'énergie, des transports, de l'agriculture, de l'urbanisme et de l'industrie, tout en organisant une meilleure compréhension des bénéfices santé et environnement auprès des professionnels, des usagers du système voire de l'ensemble des acteurs concernés.

La force de cette proposition réside dans une cohérence systémique, à la fois clinique, physique et économique, incitant les acteurs de santé à mettre en œuvre à différentes échelles des stratégies d'atténuation de leur propre impact et d'adaptation face au changement climatique.

15

La culture

Le secteur aujourd'hui

2,6 % de la population active

2,3 % du PIB en 2019

Le patrimoine culturel génère du tourisme (8 % du PIB)

1-2 %

des émissions mondiales de GES[1]
liées aux usages numériques de la culture

Seuls **12 %** des acteurs du secteur ont reçu une formation aux enjeux énergie-climat

Seuls **26 %** des établissements publics culturels réalisent un bilan carbone, souvent superficiel

Sur les 4 milliards d'euros du budget de la culture 2022 seulement **0,45 %** soutiennent la responsabilité sociale des entreprises

2022-2027 : les leviers pour décarboner

Relocaliser les activités
Inscrire davantage la culture au cœur des territoires et en faire un moteur pour la transition locale

Ralentir la production
(ce qui peut être bénéfique à la création)

Réduire les échelles
Réduction des jauges et des dispositifs techniques

Renoncer à certaines pratiques et opportunités technologiques carbonées

Intégrer les enjeux de mobilités
Décarboner et réduire la mobilité des œuvres, du matériel, des artistes et du public

Écoconcevoir les œuvres

La transformation à horizon 2050

- 36 % de GES sur le cycle de vie d'un livre
- 65 % de GES environ sur les grands festivals
- 93 % de GES pour les salles de cinéma

Résilience

La culture est un puissant levier de résilience locale :
- diversité culturelle et création encouragée
- circulation des idées

Emploi

Évolution des emplois les plus carbonés vers des alternatives plus sobres et plus résilientes

Amélioration du bien-être au travail

[1] GES = gaz à effet de serre

État des lieux.
Un trompe-l'œil : la culture immunisée et étrangère au problème

Arts visuels, spectacle vivant, audiovisuel, cinéma, livre et presse, patrimoine, pratiques artistiques amateurs, festivals, jeux vidéo : le secteur de la culture regroupe des activités et des organisations d'une grande diversité. On y crée, produit, édite, diffuse, commercialise et conserve tout type d'œuvres et de services culturels. Et, comme dans tous les autres secteurs, on y administre des organisations.

De nombreuses dépendances mutuelles existent entre la culture et d'autres activités appelées à se transformer. Les professionnels de la culture sont sous l'effet d'un trompe-l'œil : puisque les enjeux de l'énergie et du climat sont le plus souvent abordés à travers le bâtiment, l'agriculture ou les transports, ils ne se croient pas directement concernés. Pourtant, les données physiques montrent que la culture, comme l'ensemble de nos activités, consomme beaucoup d'énergie et de matière.

Parce qu'elle a souvent été avant-gardiste, parce qu'elle fédère, parce qu'elle a une portée mondiale, parce qu'elle appartient à chacune et à chacun et parce qu'elle nous nourrit, la culture française est tenue par un devoir d'exemplarité auquel elle ne saurait se soustraire. Les centaines de milliers de personnes qui font vivre la culture française doivent prendre conscience de leur position délicate et du rôle qu'elles ont à jouer. En tant qu'activité physique et symbolique fondamentale, la culture doit et peut se transformer.

La culture est au cœur de la société française. Les pratiques culturelles occupent près de trois heures de notre emploi du temps quotidien, et les ménages français y consacrent environ 4 % de leur budget.

Avec près de 704 000 personnes travaillant dans le secteur, la culture emploie 2,6 % de la population active et génère 2,3 % du PIB français. La moitié des professionnels de la culture exercent un métier artistique ou une activité liée, comme accessoiriste ou ingénieur du son par exemple. Une large partie de ces métiers sont précaires. Cette fragilité est un paramètre incontournable : en cas de chocs systémiques (énergétiques, climatiques ou sanitaires), beaucoup risquent de voir leur emploi menacé à court terme. De plus, la culture génère beaucoup d'activité autour d'elle, et pas uniquement pendant la saison des festivals dans le centre-ville de Cannes ou d'Avignon.

À travers son empreinte physique, le monde de la culture est tout aussi responsable que vulnérable face aux bouleversements et aux transformations à venir.

Mobilité et transports. La culture et les loisirs sont la troisième cause de mobilité des Français, juste derrière le travail et les achats. En 2019, 64 % des 213 millions de spectateurs se rendaient au cinéma en voiture.

De plus, la moitié des 87 millions de touristes internationaux qui viennent en France chaque année visitent le patrimoine national. Le nombre de personnes étrangères qui se rendent au Louvre tous les ans est supérieur à la population des 20 communes les plus peuplées de France. Le bilan carbone du musée dépend à plus de 99 % du déplacement de ses visiteurs, pour près de 4 millions de tonnes équivalent carbone (tCO_2eq).

Agriculture et alimentation. L'alimentation est un poste significatif d'émissions pour les événements et la production culturelle. L'impact carbone de l'alimentation sur un festival comme les Vieilles Charrues se situe ainsi entre 2 000 et 4 000 tCO_2eq.

Bâtiments et énergie. Le paysage culturel français constitue un réseau d'infrastructures particulièrement dense : on y dénombre pas moins de 16 000 lieux de lecture publique, 500 librairies labellisées, 2 000 cinémas, 440 lieux de spectacle labellisés, 1 200 musées de France et une quarantaine de musées nationaux. Naturellement, toutes ces infrastructures consomment de l'énergie. Ainsi un musée comme le Quai Branly génère plus de 2 500 tCO_2eq par an pour son éclairage, sa climatisation et son chauffage.

Numérique. À travers les équipements informatiques et Internet, l'impact du secteur est là encore considérable, ne serait-ce que du point de vue des données consommées. Rappelons que le numérique est responsable de 3 à 4 % des émissions mondiales de gaz à effet de serre (GES), dont plus de la moitié à travers son utilisation (consommation des *data centers*, des réseaux et des terminaux). Or **l'essentiel des données consommées sur Internet correspond à des contenus culturels.** Sur 100 gigaoctets consommés en ligne, plus de la moitié provient de la lecture de vidéos en ligne (de la *VOD* comme Netflix ou Prime, des tubes vidéo avec YouTube et Vimeo, plateformes utilisées majoritairement pour de l'écoute de musique, et des vidéos pornographiques). **La culture est par conséquent le premier poste mondial de consommation de données numériques (plus de 70 %).**

Le poids des données culturelles échangées augmente très vite au fil des années, et l'utilisation croissante des moyens numériques participe à l'inflation du rythme de renouvellement des équipements informatiques. À l'utilisation des données, il faudrait donc ajouter la fabrication de terminaux imputables à la culture. Il s'est par exemple vendu à ce jour plus de 114 millions de PlayStation 4. L'impact moyen d'une console de salon est de près de 73 $kgCO_2eq$ selon l'Agence de l'environnement et de la maîtrise de l'énergie. Multiplier ces deux nombres peut donner davantage le vertige que les meilleurs jeux vidéo.

Une réorganisation inévitable. Les données sur les émissions de GES du secteur culturel mettent en évidence sa dépendance aux énergies fossiles qui, en plus de bouleverser le climat, vont aussi se raréfier. Elles traduisent aussi la dépendance de la culture à l'égard du transport sur de longues distances de personnes et de matière, ce qui l'expose à de nouveaux risques géopolitiques ou sanitaires.

Si les contraintes énergétiques et climatiques exigent une nouvelle structuration de nos transports, de nos mobilités, de nos bâtiments, de notre industrie, de notre consommation énergétique ou de notre usage du numérique, alors le problème de l'énergie et du climat exige une nouvelle structuration des activités culturelles.

Nos propositions pour les cinq ans à venir. Former, relocaliser, ralentir, alléger, renoncer : inventer !

À ce jour, les enjeux énergie-climat n'apparaissent pas en tant que priorité transversale du ministère de la Culture. Ce sont les grands absents de la présentation du budget de la culture 2022, avec seulement 0,45 % alloué au soutien de la responsabilité sociale des entreprises (RSE) sur un montant qui dépasse 4 milliards d'euros.

Le ministère de la Culture doit énoncer des politiques publiques ambitieuses et financer la décarbonation, afin de conduire la transformation. Il pourra s'appuyer sur ses opérateurs dans chacune des filières et créer des dispositifs d'incitation ou de contrainte tels que l'écoconditionnalité des subventions, outils efficaces dès lors qu'ils sont accompagnés et évalués. Il doit aussi donner aux acteurs culturels les moyens économiques de cette transformation, *via* des labellisations et des financements de prestations environnementales extérieures (bilans carbone, accompagnement RSE, etc.). Le ministère de la Culture devrait mettre en place un Observatoire de la transition écologique afin de disposer d'un réel outil d'évaluation et de conduite de changement.

Développer une formation systématique aux enjeux énergie-climat. Selon un sondage mené en 2020 par Réveil Culture, l'écrasante majorité des professionnels et étudiants du secteur culturel n'ont reçu aucune formation aux enjeux énergie-climat. Les engagements du ministère de la Culture et de l'enseignement supérieur de la culture dans ce domaine sont faibles et inégaux. C'est là pourtant une première étape indispensable pour agir. Parmi les moyens nécessaires, on peut citer : la formation des formateurs, le soutien à la création de postes dédiés au sein des établissements d'enseignement supérieur de la culture, ainsi que la mise en réseau et le partage d'outils entre équipes pédagogiques.

Nous invitons les organismes délivrant des formations professionnelles, tels que le Cipac ou l'Afdas, à enrichir et à promouvoir leurs offres de formations spécifiques sur l'intégration des enjeux énergie-climat dans les professions culturelles. Les employeurs doivent eux aussi proposer ces formations à leurs salariés, car la transition énergétique requiert un renouvellement des pratiques professionnelles et l'acquisition de nouvelles compétences.

Nous proposons six grandes dynamiques de transformation

Relocaliser les activités. Il ne s'agit pas de raccourcir les idées mais les distances parcourues. Il s'agit en même temps de faire de la culture un moteur pour la transition locale, au travers de tous ses besoins : achats, alimentation, bâtiments, énergie et transports.

Dans le domaine du livre, en fonction des choix de l'éditeur, le nombre de kilomètres parcourus par un ouvrage entre le lieu de production du papier, l'imprimeur et le lieu de stockage peut être divisé par 20, voire davantage !

Ralentir. Les artistes continueront à faire des déplacements… à condition d'en allonger la durée pour en réduire le nombre. Ce serait un gain potentiel pour la qualité des créations, le bien-être des équipes et les échanges dans les territoires où elles s'inscrivent, alors qu'aujourd'hui bien des professionnels doivent « enchaîner les dates » à un rythme fou. Nous proposons de systématiser la mutualisation des tournées, expositions, diffusions entre plusieurs partenaires locaux ou situés sur un même parcours de diffusion, de multiplier le nombre de représentations ou d'activités des artistes sur chaque territoire (*master class*, collaborations avec des artistes locaux, conférences, actions culturelles), par exemple lors de résidences, et enfin de ralentir en encourageant la recréation des œuvres à l'étranger plutôt que leur tournée – notamment pour le théâtre et la danse.

Pourquoi ne pas innover ? En arrêtant de prendre l'avion, le chorégraphe Jérôme Bel a inventé un nouveau mode de diffusion de ses œuvres. Cet artiste filme ses répétitions, puis transmet les fichiers vidéo à des metteurs en scène d'autres continents qui recréent son œuvre avec des danseurs locaux et la font tourner sur leurs territoires en ayant recours aux moyens de transport les moins carbonés.

Diminuer les échelles. L'attractivité des projets, moteur du développement culturel de ces dernières décennies, a conduit à une « événementialisation » de la culture avec, au bout du compte, une croissance permanente des jauges. Plus un événement culturel est censé attirer de visiteurs, plus son audience est internationale, plus sa programmation doit déployer des performances spectaculaires pour se différencier… et plus le bilan carbone s'alourdit. Les festivals, en particulier dans la musique actuelle, tout comme les foires ou les biennales, offrent des stéréotypes de cette tendance.

Des professionnels évoquent une « course à l'armement ». Nous proposons la désescalade. Nous estimons qu'en divisant sa jauge par dix, un festival rassemblant 300 000 personnes pourrait diviser ses émissions par un facteur compris entre vingt et trente.

Des expériences commencent à émerger : pour pouvoir maintenir son édition 2020, le festival Les Suds à Arles a réduit ses jauges et s'est appuyé sur une programmation plus locale. « L'expérience Goya » 2021-2022 du musée des Beaux-Arts de Lille a fait le choix de limiter le nombre d'œuvres exposées, dans le cadre d'une démarche écoresponsable. Ces démarches se traduisent par une forte réduction de la consommation énergétique.

Écoconcevoir. Toute création d'œuvre ou de scénographie demande de l'énergie pour ses intrants (matériaux), pour ses procédés de transformation, pour sa diffusion (notamment à cause des volumes et des masses déplacés au cours d'éventuelles itinérances), ainsi que lors de sa fin de vie (déchets et autres « externalités négatives »).

Ces besoins doivent être documentés en termes de quantités et d'impacts, afin de permettre aux créateurs et aux institutions qui les accompagnent de choisir les pratiques les plus vertueuses et les plus résilientes. Les outils d'écoconception, comme l'outil d'aide à la décision « EDEOS » utilisé par l'Opéra de Lyon, ainsi que les réseaux de ressourceries et de recycleries, doivent être encouragés.

Renoncer. Pour imaginer une culture résiliente, il faut renoncer à certaines pratiques. Les équipements techniques les plus carbonés, comme les gros générateurs électriques à essence, sont à proscrire. Les systèmes de sonorisation toujours plus gourmands en puissance, ou encore la course aux formats toujours supérieurs dans le *streaming* des œuvres, ne sont pas soutenables. Dans un autre registre, les clauses d'exclusivité territoriale pour les manifestations culturelles doivent être supprimées.

Dans la même perspective, au printemps 2020, les 1 600 structures culturelles et médias signataires de l'Appel des indépendants ont déclaré ne plus vouloir acheter de terminaux qui ne seraient ni d'occasion ni reconditionnés. Ils ont également décidé de renoncer à la très haute définition pour la diffusion d'œuvres en *streaming*.

Afin d'aider les acteurs et les pouvoirs publics à imaginer une transformation à court, moyen et long terme, nous avons imaginé une typologie de mesures allant des plus simples aux plus difficiles à mettre œuvre.

Les mesures transparentes. Elles ne transforment pas les métiers des acteurs culturels et n'engendrent pas de coûts supplémentaires. Par exemple, végétaliser les repas servis aux publics et aux équipes ne change rien à la façon de travailler, mais permet de réduire très fortement les émissions liées à l'alimentation, tout en soulageant dans bien des cas les budgets restauration.

Les mesures positives. Elles peuvent engendrer un surcoût, mais devraient être encouragées par les pouvoirs publics dans la mesure où elles participent à la transition d'autres secteurs. Par exemple, l'impression d'un livre en France plutôt qu'en Europe de l'Est contribue au soutien de la filière industrielle française. La rénovation thermique des bâtiments culturels participe de la même logique.

Les mesures « offensives ». Elles bouleverseront l'organisation actuelle des structures culturelles pour en assurer la pérennité. Nous encourageons la mise en place de nouveaux modèles économiques assurant des revenus de remplacement, par exemple *via* le développement des filières de mutualisation des livres (occasion, location, emprunt, etc.), qui limitent la production de livres-objets sans limiter l'accès aux œuvres. Ou encore : la subdivision de très grands événements culturels en plusieurs événements de taille plus modeste, ce qui permet de limiter leur empreinte.

Les mesures « défensives ». Elles consistent à proscrire les options « énergivores » – recours à de gros groupes électrogènes, rediffusion systématique en *streaming* à haut débit, tournées effrénées – afin de permettre l'émergence d'options alternatives plus… raisonnables.

BUVETTE & MANGETTE
WOW!
BOÎTE À LIVRES

Notre espoir pour la culture

Notre groupe de travail a passé deux ans, au cours de l'élaboration de ce plan, à défricher les implications pour la culture de transformations inexorables. Ici aussi, dans le secteur culturel, les transformations seront anticipées ou subies. Notre espoir est de pouvoir éclairer les réflexions et les actions de tous les professionnels de la culture, afin qu'ils prennent en compte les enjeux énergie-climat, en particulier ceux qui sont appelés à orienter le fonctionnement du secteur.

Il s'agit plus largement d'informer tous les citoyens concernés, de montrer l'exemple et d'inventer de nouvelles visions, de nouvelles formes… ce qui a toujours été le propre du secteur de la culture. Si le secteur culturel peut sensibiliser les citoyens, il peut aussi montrer que de nouvelles formes de rencontres sont possibles entre les œuvres, les artistes et leurs publics. De cette réinvention dépendra notre capacité à émouvoir et à nous émouvoir d'une autre manière, soutenable.

16

Villes et territoires

Le secteur aujourd'hui

+1,7 °C
en métropole depuis le début de l'ère industrielle

3 x plus
de vagues de chaleur entre 2000 et 2020 qu'entre 1980 et 2000

7 millions
de personnes environ en précarité énergétique

- Grand retard en matière d'adaptation au changement climatique
- La transition écologique est traitée comme un sujet périphérique
- Dimension sociale de la transition et sobriété négligées

2022-2027 : les leviers pour décarboner et rendre les territoires résilients

- **La responsabilité** : positionner les enjeux climatiques et la transition au plus haut niveau de priorité
- **La cohérence** : mettre en cohérence politiques et actions avec les objectifs et la vision partagés sur le territoire
- **L'audace** : oser remettre en question ses manières d'agir dans un contexte radicalement nouveau
- **La solidarité** : prendre en compte les inégalités sociales et territoriales
- **La coopération** : faire de nos interdépendances des opportunités de coopération
- **Le partage** : impliquer l'ensemble des parties prenantes du territoire
- **La connaissance** : améliorer la compréhension des effets du dérèglement climatique et de la transition

La transformation à horizon 2050

Résilience

- Chaque territoire fait face au réchauffement
- La démocratie locale revivifiée autour de nouveaux modes de gouvernance
- Les économies locales raffermies, facteur de rééquilibrage territorial

Les transformations des secteurs de l'économie évoquées dans cet ouvrage se manifesteront sur l'ensemble des territoires français. Elles feront profondément évoluer les espaces, les modes de vie et la gouvernance de chaque ville et de chaque territoire, en fonction de ses caractéristiques et de ses ressources propres.
Les acteurs sur le terrain, en particulier les collectivités territoriales, disposent de compétences et de moyens d'action pour accompagner – ou non – ces transformations.

État des lieux.
Des risques en cascade, des territoires en danger, des pratiques locales à réinventer

Le dérèglement climatique, l'effondrement de la biodiversité et la raréfaction des ressources naturelles constituent des bouleversements dont les effets se font déjà sentir sur tous les territoires français. Ces bouleversements vont s'intensifier. Même en réduisant fortement les émissions de gaz à effet de serre (GES), les territoires feront face à une aggravation des effets du changement climatique à horizon 2050.
Tous les domaines d'activité sont concernés par des risques multiples, susceptibles de s'agréger, de se renforcer ou de se succéder en cascade. Le risque dépend de la fréquence et de l'intensité d'un aléa d'une part, et du degré d'exposition et de la vulnérabilité des populations, des équipements et des institutions du territoire

concerné d'autre part. Exemple : le risque d'inondations sur un territoire variera selon la violence des précipitations, la localisation des logements (zone inondable), le type de bâti (imperméabilisation des sols, maison individuelle ou immeuble), le nombre et la vulnérabilité des personnes concernées (mobilité, proximité des secours, etc.).

Les réseaux de transport, de communications ou encore le système de soin reposent toujours sur un socle physique : routes, voies maritimes, aéroports, réseaux de gaz, d'eau, d'électricité, de téléphonie… Ces infrastructures, liées et interdépendantes, sont autant de points de vulnérabilité susceptibles d'affecter le bon fonctionnement d'un territoire. Les acteurs d'une collectivité n'ont pas d'autre choix que de faire face aux risques en s'efforçant de les anticiper, et en menant des actions dites d'« adaptation ».

L'adaptation et l'atténuation du changement climatique : indispensables et complémentaires. Au regard des connaissances sur l'évolution du climat, les territoires français accusent un retard préoccupant en matière d'adaptation au changement climatique. Il s'agit désormais d'engager rapidement des mesures pour protéger les populations des effets des bouleversements climatiques, tout en accentuant les efforts pour agir sur la cause profonde de ces bouleversements : c'est-à-dire réduire rapidement les émissions de GES. On parle alors de mesures d'« atténuation » du changement climatique.

Attention aux mesures d'adaptation qui, en voulant réduire les risques sur les territoires, ne feraient que les déplacer dans le temps ou l'espace. Elles sont qualifiées de « mal-adaptation ». Exemples : dans bien des cas de figure, accroître les surfaces agricoles irriguées, ou endiguer un cours d'eau pour lutter contre les inondations, etc.

Une transition énergétique à hauts risques économiques, sociaux et politiques. Comme l'illustre abondamment cet ouvrage, sortir rapidement des énergies fossiles implique une transformation d'une ampleur inédite des activités économiques, de l'emploi sur les territoires, ou encore de la mobilité – laquelle dépend du pétrole à plus de 90 %.

L'aménagement des territoires s'est longtemps fondé sur l'abondance pétrolière. Il a donné la priorité aux déplacements favorisant une division de l'espace en grande fonction (habitat, consommation, production, etc.), ainsi qu'un phénomène de périurbanisation qui a entériné la dépendance à la voiture individuelle pour les besoins du quotidien.

Il faut souligner que les personnes qui risquent de souffrir le plus des effets des bouleversements écologiques et climatiques sont celles qui y contribuent le moins par leurs émissions de GES. Les gens dont les revenus sont les plus modestes sont aussi ceux qui risquent le plus de subir les conséquences d'une transition énergétique mal organisée. Ce sont eux qui éprouvent le plus de difficultés à évoluer vers des modes de vie sobres en carbone, si par exemple ils ne peuvent remplacer leur véhicule ou leur chaudière. Le mouvement des gilets jaunes est emblématique du risque de crise sociale auquel les politiques de transition énergétique s'exposent, tout autant que de la nécessité de veiller à l'équité dans les efforts demandés.

Vers un nouveau projet de territoire, désirable, sobre et résilient. Malgré tous ces risques, le défi de la transition énergétique et écologique peut aussi être une formidable opportunité pour les territoires. L'ampleur de la tâche invite à un renouvellement des pratiques démocratiques, en particulier locales, en mettant les populations au cœur de la refondation d'un nouveau projet de territoire. Les mutations économiques liées à la transition peuvent générer un meilleur équilibre dans les relations entre territoires, favorisant la coopération et la solidarité. Pour demeurer désirable et tenir ses promesses en dépit de crises inéluctables, la transition énergétique et écologique devra impérativement s'accompagner d'un processus d'amélioration continue de la résilience des territoires[1].

---

1. Un territoire résilient peut être caractérisé par ses capacités de réaction et d'adaptation à court et à moyen terme face aux chocs et aux crises, mais aussi par sa capacité d'apprentissage et de réorganisation sur le long terme. Source : « La boussole de la résilience », CEREMA, 2020.

Nos propositions pour les cinq ans à venir. Refonder l'action territoriale

La transformation des pratiques imposée par les défis de la transition dépend de spécificités et de choix collectifs propres à chaque territoire. Nous suggérons de repenser ces politiques locales autour de sept recommandations majeures, exprimant sept vertus cardinales.

La connaissance. Améliorer la compréhension des effets du dérèglement climatique et de la transition post-carbone sur les territoires. Cela implique des actions de formation, le renforcement de l'ingénierie territoriale, des bilans carbone et des diagnostics de vulnérabilités face aux crises climatiques et écologiques. Une recommandation : consacrer au moins 1 % par an du budget de fonctionnement de toutes les collectivités à de l'acquisition de connaissances et à de la formation. Cette recommandation essentielle conditionne la mise en œuvre de toutes les autres !

Le partage. Impliquer toutes les parties prenantes de la collectivité, entreprises, associations, citoyens, pour partager les défis du climat et de la transition, afin de les associer aux diagnostics de vulnérabilités, mais aussi aux choix des actions à mener. Ce partage permet que les décisions les plus difficiles soient mieux comprises, acceptées et mises en œuvre. Une recommandation (parmi d'autres) : mettre en place une convention citoyenne locale à l'occasion de l'élaboration des documents de planification territoriale, et notamment à l'échelle interterritoriale à l'occasion de la révision des Schémas de cohérence territoriale (SCOT).

La solidarité. Prendre en compte les inégalités sociales et territoriales face aux conséquences du dérèglement climatique et de la transition énergétique. Il s'agit d'améliorer le lien social et le pouvoir d'agir des plus vulnérables (populations comme territoires). Le sentiment d'équité dans les efforts demandés constitue une condition de réussite. Une recommandation : évaluer l'impact des actions dans le domaine du climat et de l'énergie sur les inégalités sociales et les inégalités entre les territoires.

L'audace. Oser remettre en question ses manières d'agir dans un contexte radicalement nouveau et incertain. Il faut avoir le courage de lancer une démarche collective de prospective territoriale. C'est là une étape importante pour parvenir à définir une nouvelle vision du territoire, qui soit sobre tout en restant désirable pour les citoyens. L'expérimentation, les initiatives et les acteurs de la transition sur le territoire doivent être mieux reconnus et soutenus. Les responsables locaux devront accepter de se tromper, de renoncer et de changer. Une recommandation : procéder à un moratoire sur les projets d'infrastructures, pour réaliser systématiquement une évaluation *ex ante* orientée résilience et transition écologique.

La cohérence. Mettre en cohérence politiques et actions avec les objectifs et la vision sobre et résiliente, du territoire. Cette recherche de cohérence exige des espaces de dialogue et de mise en débat des inévitables projets contradictoires, mais aussi d'anticiper des modalités d'arbitrage quand les compromis sont impossibles. Être cohérent impose de savoir choisir, c'est-à-dire organiser les renoncements. Une recommandation : utiliser les objectifs de résilience et de transition écologique du territoire pour élaborer ou réviser les documents de planification, Plan local d'urbanisme intercommunal (PLUI), SCOT, etc.

La coopération. Faire de nos interdépendances des opportunités de coopérations : nous sommes tous dans le même bateau ! La transition post-carbone ne signifie pas l'autonomie ou le repli sur soi, bien au contraire. Elle implique de reconnaître, voire si possible de choisir ses interdépendances, pour les traduire en coopérations. Devant la dimension systémique et multi-échelle des défis, coopérer est une obligation. Coopérer permet de décloisonner les sujets et les acteurs, pour faire fructifier ensemble les « cobénéfices ». Une recommandation : organiser tous les ans des « COP » (Conférences des parties) d'élus des échelles intercommunales et régionales, comme outil de coordination entre territoires. Ces COP permettent d'établir les responsabilités communes mais différenciées des collectivités pour viser les mêmes objectifs. Elles encouragent la coopération pour les atteindre.

La responsabilité. Mettre les enjeux climatiques et de transition post-carbone au plus haut niveau des priorités politiques. Cela pourra se traduire par une équipe dédiée, dotée d'objectifs cohérents avec une baisse rapide des émissions planétaires, de financements adéquats, positionnée au plus haut niveau de gouvernance et chargée d'accompagner l'évolution de toutes les politiques. Collectivement et régulièrement, toute organisation – collectivité ou entreprise – devra évaluer son action territoriale et capitaliser sur ses succès, afin de renforcer ses capacités et s'améliorer. La recommandation ultime : au-delà des frontières partisanes, par-delà la durée des mandats, l'objectif commun doit être de concevoir et de mettre en œuvre une stratégie lucide et cohérente !

Après la transformation

(reproduction de l'article paru dans *La Gazette du Territoire* le 21 juin 2052)

Cette nouvelle journée de canicule n'a pas dissuadé les habitants de venir célébrer le départ en retraite de Mme Géraldine Carbaumoins, la plus ancienne élue du territoire intercommunal. Ils sont plus d'une centaine à être venus la remercier dans la salle polyvalente Donella Meadows.

Dans un discours plein d'émotion, Mme Carbaumoins raconte l'aventure de la transformation : « Tout a commencé en janvier 2022, quand un militant écolo est venu devant le Conseil municipal nous parler de ce que le dérèglement climatique allait faire chez nous. » C'était peu de temps après la sortie du 6e rapport du GIEC. Les messages étaient si précis et si inquiétants que Mme Carbaumoins se souvient de l'état de sidération de ses collègues ce jour-là.

NON CONSTRUCTIBLE
atelier VELO
ÉCOLE
Mairie
GaLERIE
ÉNERGIE
atelier 1
2022
2027
adaptation
atelier 2
vélo en ville

Rapidement, la commune a décidé de payer à tous les élus et à tous les fonctionnaires municipaux une formation. Une équipe « climat et transition » s'est mise en place, rattachée à la Direction générale des services de l'intercommunalité. Dotée d'un budget conséquent, elle a pu appuyer tous les services intercommunaux. Nommée première vice-présidente de ces sujets, Mme Carbaumoins se souvient des débats dans les entreprises et les écoles, au début : « Certains se mettaient en colère ! Mais j'ai toujours bien aimé expliquer, et comprendre les différents points de vue. »

« Aujourd'hui sur le territoire, les questions climatiques et écologiques sont au cœur de toutes les politiques publiques et de tous les services », lance-t-elle avec orgueil. Elle poursuit : « Les collectivités ont mis un point d'honneur à se montrer exemplaires : en rénovant entièrement leur patrimoine immobilier, en veillant à un usage sobre et maîtrisé de leurs ressources, en soutenant les initiatives des agents (inter)communaux en faveur de la transition, à l'intérieur ou à l'extérieur de la collectivité. »

Géraldine Carbaumoins rappelle qu'il y a vingt ans, il n'y avait pas de pistes cyclables ! Les plus jeunes écoutent, incrédules. « À l'époque, rares étaient ceux qui allaient au travail en vélo, même électrique. Souvent quand passait un camion ou un SUV [grosse voiture du début du siècle, NDLR], il fallait passer dans l'herbe », rit-elle.

Mme Carbaumoins a pris la responsabilité d'un plan décennal d'investissement dans le bus, le covoiturage et le transport à la demande. Situé à 20 minutes de la ville de T. en train double express, le territoire a pu répondre à sa forte attractivité en évitant l'étalement urbain. Les centres-bourgs des petites communes avoisinantes, longtemps délaissés, ont été rénovés et revitalisés afin d'accueillir de nouveaux habitants et de nouveaux commerces de proximité.

L'économie du territoire s'est elle aussi beaucoup transformée. Devant la vague de départs à la retraite des agriculteurs dans les années 2020-2030, des politiques volontaristes ont permis d'endiguer l'agrandissement des exploitations et d'installer des dizaines de nouvelles fermes orientées vers le marché régional. Les derniers élevages intensifs ont disparu à peu près à la même époque. De nouveaux labels de viande locale de qualité, permettant une juste rémunération des éleveurs, sont apparus tandis que la consommation de viande a très fortement diminué. La valorisation des circuits courts et des produits locaux, y compris dans les supermarchés, a consolidé le tissu d'exploitations agricoles et réduit le niveau de dépendance alimentaire du territoire. Une grande partie de ces néoagriculteurs habitaient déjà dans le coin : des jeunes attirés par les métiers de l'agriculture, des anciens salariés d'activités « carbonées » accompagnés dans leur reconversion par des dispositifs efficaces mis en place sur le territoire dès 2023.

Ce dont Mme Carbaumoins se dit le plus fière n'est pas immédiatement visible. Il s'agit de la transformation de la gouvernance et du lien social sur le territoire. Elle explique : « Depuis 2023, nous organisons tous les cinq ans avec les parties prenantes du territoire – les communes, les entreprises, les associations, les citoyens, y compris des territoires voisins – une série d'évaluations, d'études et de concertations pour revoir ensemble la vision à vingt ans de notre territoire, et aussi les grands objectifs auxquels nous nous engageons à contribuer. » Au regard de ces grands objectifs, une COP locale (Conférence des parties) a lieu tous les ans pour analyser l'évolution du contexte et la pertinence des actions en cours ou prévues. « Nous n'hésitons pas à renoncer à certains projets, si nécessaire. Vu toutes les surprises qu'il y a eu en trente ans, bonnes et mauvaises, le contraire serait un comble », dit-elle. Ce rendez-vous annuel autour des enjeux de la transition écologique et énergétique est resté un moment de fête et d'éducation populaire.

« Les indicateurs de bien-être des populations et de cohésion sociale sur le territoire sont devenus notre boussole », insiste Géraldine Carbaumoins. Pour elle, la bonne santé, la qualité du cadre de vie, la vitalité du lien social entre les habitants, c'est le sens de l'action publique : « Depuis le Covid, toutes les crises que nous avons traversées ont montré combien les actions favorables au pouvoir d'agir des populations et à la réduction des inégalités ont rendu notre territoire plus solide dans l'épreuve, et doux à vivre au quotidien. »

17

Mobiliser les finances publiques et l'épargne

L'État français comme acteur et financeur clé

Le premier levier d'action consiste en un débat d'idées qui doit faire réémerger l'État comme un acteur légitime et même essentiel de la sphère commerciale, comme il l'a été dans les plus grandes réussites de développement dans le monde – mais avec cette fois un objectif de décarbonation et de résilience.

L'exemple le plus probant pour la France est certainement le rôle capital du Commissariat général au plan (CGP) dans la France d'après guerre. L'effectivité du CGP tenait notamment à sa capacité à conjuguer une discipline de marché alignée sur la vision long terme qu'il proposait, et un soutien à l'initiative et à la prise de risque allant dans l'intérêt public. Cette capacité reposait elle-même sur deux aspects : la compétence technique et la capacité de persuasion. Le processus même de construction des plans soutenait ces piliers, car il reposait sur un échange structuré, priorisé mais intense entre décideurs et acteurs, leur démontrant l'interdépendance de leurs actions mais aussi leurs responsabilités[1].

D'autres exemples internationaux de planification réussie abondent, et pourraient être mis à profit pour améliorer encore les performances d'un CGP refondé afin de mettre en œuvre la gigantesque entreprise de transformation bas carbone. On peut penser au succès

1. Bernard Cazes, Philippe Mioche, *Modernisation ou décadence : études, témoignages et documents sur la planification française*, université de Provence, service des publications, 1990.

majeur de la Rural Electrification Administration aux États-Unis dans les années 1930[1], ou beaucoup plus récemment aux mécanismes innovants employés par la Performance Management and Delivery Unit (PEMANDU) pour la politique industrielle en Malaisie[2].

Pour orienter l'activité économique nationale dans le sens de la transition bas carbone, l'État doit à la fois continuer à prendre à sa charge une partie des investissements nécessaires (notamment dans le secteur des transports), mais également créer un environnement économique favorisant l'investissement des entreprises et des ménages dans des actifs contribuant à cette transition. Les leviers financiers à sa disposition sont l'ajustement des charges et des aides, mais également les prises de participation et les cofinancements. Ils viennent en complément et en coordination avec une action réglementaire et ont besoin d'un budget conséquent pour être actionnés.

Aider les collectivités locales à se coordonner pour la mobilisation de financements climat

Contrairement à l'État, les collectivités sont interdites de déficit, c'est-à-dire qu'elles doivent dégager un excédent budgétaire suffisant pour assurer le remboursement au fur et à mesure des emprunts nécessaires aux projets qu'elles souhaitent mettre en place. Or les investissements climat ne « payent » que sur des durées longues, et ne génèrent le plus souvent que des retours en termes économiques, environnementaux et sociaux – et non financiers – notamment à l'échelle locale. C'est le cas pour des investissements réalisés pour

1. John M. Carmody, « Rural electrification in the United States », *American Academy of Political and Social Science*, 1939, 201, p. 82-88.
2. Charles Sabel, Luke Jordan, *Doing, Learning, Being : Some Lessons Learned from Malaysia's National Transformation Program*, The Competitive Industries and Innovation Program (CIIP)/The World Bank, janvier 2015.

l'atténuation du changement climatique (par exemple dans une organisation urbaine plus compacte et économe en déplacements carbonés), comme pour l'adaptation (par exemple la création d'îlots de fraîcheur réguliers dans la ville).

Le problème de l'amorçage de certaines dépenses que les collectivités doivent engager pour des mesures de transformation, notamment liées à la commande publique (comme le renouvellement du parc automobile), se pose en particulier pour les collectivités de petite taille. Ces dernières ont des capacités d'autofinancement faibles et peu de marges de réaffectation budgétaire.

Par ailleurs, divers niveaux de collectivités sont souvent impliqués dans les processus suivant le financement d'initiatives privées sur appels d'offres, par exemple de la Banque publique d'investissement (BPI). Cela s'avère problématique en particulier pour les PME, qui n'ont pas les moyens humains de gérer une chaîne de décision qui devient alors extrêmement complexe.

Le Shift Project a proposé le lancement d'un observatoire de la transition bas carbone des collectivités locales, qui permettrait notamment d'accélérer la mise en œuvre de la rénovation énergétique des bâtiments publics par le biais de contrats de performance énergétique (CPE)[1].

De manière plus générale, l'État doit pouvoir mettre en place des transferts vers les collectivités qui ne disposent pas de l'excédent budgétaire suffisant permettant de s'endetter pour la transition, par exemple avec des critères et des mesures clairs de « rentabilité climatique ». Il doit pouvoir aussi faciliter des processus de mutualisation de fonds existants à d'autres niveaux territoriaux.

L'État doit également mettre en place des processus décisionnels plus clairs pour l'implication des divers niveaux de collectivités locales dans les opérations de financement privé, notamment des PME, qui doivent être au cœur de la stratégie.

1. Michel Lepetit, *Pour un observatoire de la transition bas carbone des collectivités locales*, The Shift Project, 2018.

Mieux inciter les entreprises avec des instruments adaptés

La contrainte de rentabilité reste le principal outil de pilotage des entreprises aujourd'hui, et ce à des niveaux incompatibles avec les réalités physiques des ressources disponibles, et à des échéances bien trop courtes. Cela les empêche de prendre en compte leur intérêt partagé à éviter un réchauffement catastrophique. C'est également le critère de rentabilité – étroitement lié à celui de risque – qui guide la main des banques et organismes financiers qui ont les moyens de financer les entreprises pour leurs investissements. Il s'agit donc de proposer des moyens permettant de faire en sorte que les investissements nécessaires à la transformation de l'économie soient perçus comme suffisamment rentables, et le risque comme suffisamment maîtrisé (compte tenu du rendement).

L'adhésion des entreprises à un chantier de décarbonation de l'économie française pourrait ainsi venir d'un mélange de contraintes réglementaires et d'assurance de rentabilité. L'État français doit définir les grandes lignes d'un chantier que les entreprises doivent interpréter comme inévitable et garanti. Cette assurance peut passer par de nouvelles normes et réglementations qui forcent les entreprises à revoir les biens et les services qu'elles proposent. Mais cette assurance doit aussi passer par l'ampleur de l'investissement public mobilisé.

Les TPE-PME n'ont quant à elles pas accès aux marchés, et doivent passer par les banques. Il convient donc d'inciter les banques à réaliser des prêts auprès des TPE-PME dans le cadre de la transformation de l'économie.

Pour les grandes entreprises, principalement financées par les marchés, nos travaux ont permis d'identifier spécifiquement un certain nombre d'outils pour canaliser les investissements[1]. La régulation

1. « Encourager l'investissement privé dans la transition écologique ». Note à destination des rapporteurs sur « Les outils encourageant l'investissement privé dans la transition écologique » de la Mission d'évaluation et de contrôle de la Commission des finances de l'Assemblée nationale (The Shift Project, juillet 2018).

financière pourrait ainsi réorienter massivement l'investissement privé vers la transition écologique, en s'appuyant sur des dispositions françaises existantes d'information sur l'impact climat des entreprises. Une condition nécessaire à une telle orchestration est d'avoir accès à des analyses et à des métriques relatives à la transition et aux émissions qui soient de qualité, détaillées et rigoureuses, qu'elles soient historiques (émissions de GES, part verte ou brune dans le portefeuille…) ou prospectives (analyse de risques physique et de transition, « alignement 2 °C » pour un portefeuille…). Ces informations doivent servir à une gouvernance en alignement avec les objectifs nationaux, tant au niveau des entreprises – orientation de la stratégie – que des acteurs financiers – fléchage des investissements. Or, aujourd'hui encore, malgré un rôle précurseur de la France dans le domaine en termes de législation, le manque de données et de convergence des méthodologies reste un obstacle majeur.

Bien que l'article 29 de la Loi énergie et climat – qui fixe le nouveau standard français de *reporting* pour les acteurs financiers – étende le périmètre des informations à publier, précise les attentes méthodologiques et s'applique à un public plus large[1], il est important de s'assurer que suffisamment de moyens seront investis par les entreprises et les acteurs financiers pour surmonter l'obstacle du manque de données et de méthodologie.

Il est ainsi primordial d'accélérer les exigences de la réglementation française en matière de *reporting* climatique, et d'explorer la possibilité de donner une réelle valeur juridique aux informations publiées. En ce qui concerne les acteurs financiers, une telle proposition pourrait se matérialiser à travers l'élargissement de la responsabilité fiduciaire, qui permettrait l'intégration systématique des risques et des impacts climatiques dans les décisions d'investissement, comme le propose un récent rapport d'I4CE[2].

1. https://www.carbone4.com/actu-article29/.
2. J. Evain, M. Cardona, « La règlementation financière peut-elle accélérer la transition bas-carbone ? », I4CE, janvier 2021.

Orienter l'épargne et les dépenses des particuliers vers la transition, tout en soutenant les plus vulnérables

En matière de mobilisation de l'épargne, on peut reprendre les propositions du projet IN GLOBO du Shift Project, une réforme de l'épargne française visant à canaliser massivement celle-ci vers la transition énergétique et écologique[1]. Le but : réorienter une partie des 1 200 milliards d'euros de l'assurance-vie individuelle – 10 milliards seraient un premier objectif – à travers un nouveau contrat. Ce contrat, soutenu par un label étatique, serait illiquide pendant une période de dix ans, réhabilitant l'investissement patient. Il serait à versement unique, offrant la possibilité de transfert depuis d'autres contrats sans perte d'avantages fiscaux, et bénéficierait d'un capital initial garanti à 100 % par l'État. Des propositions similaires ont été formulées en 2021 par l'Institut Rexecode[2], ainsi que par le président du Cercle des économistes[3].

Le critère de rentabilité est moins prégnant pour les particuliers que pour les entreprises. La promesse d'économies dans les budgets n'est ainsi probablement pas un critère suffisant pour provoquer les changements attendus de la part des ménages. L'aspect financier en termes plus immédiats reste cependant important, comme en témoigne le déclenchement du mouvement des gilets jaunes.

Les secteurs du PTEF, et en particulier les secteurs de l'automobile et du logement, formulent des propositions d'évolution des aides et des primes (prime à la conversion, bonus écologique, aides pour la rénovation énergétique…) qui servent deux objectifs de manière coordonnée.

---

1. M. Lepetit, « Rediriger l'épargne privée en faveur du climat : une solution porteuse d'espoir ».
2. http://www.rexecode.fr/Analyses-et-previsions/Documents-de-travail/Soutenabilite-de-la-dette-publique-et-soutenabilite-climatique-ou-le-dilemme-des-emissions.
3. https://www.lopinion.fr/edition/economie/jean-herve-lorenzi-cercle-economistes-diriger-l-epargne-vers-davantage-244429.

D'une part, une meilleure orientation des dépenses des ménages (vers l'achat de véhicules plus sobres et le financement de logements moins émissifs et mieux isolés) qui permet d'éviter une mauvaise utilisation des fonds propres des ménages et un effet de verrouillage dans des biens trop carbonés (ou trop peu décarbonés, dans le cas du logement).

D'autre part, un objectif social, en prenant en compte les inégalités de revenus dans le montant des aides pour jouer un rôle de redistribution et intégrer des problématiques liées à la qualité de vie et à la santé comme à la précarité énergétique, et en prenant en compte des contraintes de mobilité différentes selon les ménages pour leur permettre de trouver une solution adaptée à leurs besoins.

Il est également nécessaire que ces aides se situent dans le cadre d'une stratégie cohérente et complète – systémique – visant à permettre et à inciter chacun à décarboner toutes les activités de la vie quotidienne. Ainsi, c'est un contresens d'autoriser la publicité pour des véhicules lourds et (trop) puissants, qui absorberont *a fortiori* une plus grande partie des fonds propres des ménages. L'aménagement urbain pour faciliter l'utilisation de modes de déplacement bas carbone doit également faire partie de cette stratégie : ainsi, des investissements publics orientent les fonds propres des ménages vers la transformation de l'économie. Reste cependant la question des « effets rebonds », qui feraient que les ménages utiliseraient les économies réalisées dans d'autres activités – il faudra alors s'assurer que celles-ci sont elles-mêmes décarbonées.

Le mot de la fin
(ou du début ?)
Orienter nos désirs

Cela fait désormais des décennies que notre cortex est abreuvé de messages d'alerte divers et variés sur l'état de l'environnement, et pourtant « rien ne bouge ». Le changement climatique ? Le processus est connu depuis presque deux siècles, et l'ampleur des risques associés depuis des décennies. L'érosion de la biodiversité ? Soixante ans au moins nous séparent de la publication des premiers livres « alarmistes » sur la question. Il en va de même pour l'érosion des sols, la surpêche, la déforestation…

On pourra – et l'on doit – se demander si la population dans son ensemble comprend bien le problème à traiter, mais indéniablement elle comprend qu'il y a un problème. Alors comment se fait-il que nous ne parvenions pas à agir ? Pire : depuis les premières alertes, la quasi-totalité des nuisances qu'il s'agit de modérer ont augmenté. Alors, sommes-nous condamnés à ne devoir nous modérer que dans la pénurie et la souffrance ?

Il y a un malentendu fréquent qu'il faut évacuer pour répondre à cette question : contrairement à ce que nous pouvons nous dire parfois, nous ne sommes pas des animaux rationnels ; nous ne savons que piloter rationnellement nos désirs. Ce sont toujours, *in fine*, nos envies et nos désirs du moment qui ont le dernier mot.

Qu'est-ce que « respecter l'environnement » ? Essentiellement, s'accommoder d'une limite. Préserver les écosystèmes, c'est limiter ce que l'on y prélève ; limiter nos émissions, c'est limiter notre consommation ; être durable, c'est avant tout être sobre. Mais nous ne sommes pas câblés pour avoir la limite comme désir. Nous sommes câblés pour vouloir plus et non pas moins. Et nous sommes câblés pour faire passer la satisfaction d'aujourd'hui avant la satisfaction de demain.

Il n'y a rien de très étonnant à cela : c'est juste le résultat de l'évolution. À l'époque des temps anciens, survivre demandait de réagir aux stimuli immédiats avant de se projeter à long terme. Passer à 8 milliards d'*Homo industrialis* n'a pas modifié notre cervelle, forgée à des époques où la finitude du monde n'était vraiment pas un sujet.

Pour lutter efficacement contre le changement climatique, l'équation est donc simple : il faut que nous voyions les actions associées comme pouvant nous procurer, dans l'immédiat, plus de plaisir que si nous ne les faisons pas. Il s'agit au fond de donner envie pour des bénéfices qui existeraient même si le problème climatique n'existait pas.

Jusqu'à maintenant, nous n'avons pas réussi à parler à notre cerveau primitif lorsqu'il s'est agi de nous occuper de problèmes globaux. Si baisser les émissions de gaz à effet de serre est perçu comme contraire à une satisfaction du temps court, nous mettre en mouvement s'avérera difficile, voire impossible.

Ce que nous tentons avec ce Plan de transformation de l'économie française, c'est donc le discours positif. Nous n'avons pas listé ce qu'il ne fallait pas faire, que l'on désigne parfois sous le terme « d'écologie punitive », mais ce que nous proposons de faire.

Entreprendre est une action qui donne souvent du plaisir à ceux qui s'y risquent, sinon nous ne serions pas aussi nombreux à nous lancer dans des aventures de toute sorte, à commencer par le fait d'avoir des enfants ou de déménager !

Nous avons donc fait le pari que de décrire un avenir possible, et les voies et moyens pour y parvenir, permettrait de cocher cette case essentielle pour parler à notre affect : donner envie. Nous faisons le pari que celles et ceux qui voudront s'atteler à la mise en œuvre de ce plan trouveront une satisfaction immédiate à cela : se sentir utiles, voire nécessaires.

Nous le savons, nous sommes des animaux grégaires. Nous sentir partie intégrante d'un groupe dont nous partageons les valeurs est essentiel, et l'est à court terme. La volonté de changement doit donc être portée par un groupe auquel d'autres personnes pourront se rallier en trouvant leur place. Et cette volonté doit être fondée sur un projet commun, cohérent, où chacune et chacun puisse désirer un avenir personnel.

Ce plan de transformation de l'économie française n'est pas le fruit du travail d'une personne isolée. Nous souhaitons que notre plan permette de créer l'enthousiasme et l'envie « de s'y coller » de ceux qui devront faire d'abord, puis de l'essentiel de la population ensuite. Nous avons l'ambition de proposer un plan non seulement acceptable, mais désirable. À cette condition, le nécessaire travail à large échelle pourra commencer.

Jean-Marc JANCOVICI.

Remerciements

Cet ouvrage est le fruit d'un travail collectif ayant réuni des dizaines de personnes d'horizons bien différents. Les membres de l'équipe du Shift Project tout d'abord : Jean-Noël Geist, Clémence Vorreux, Ilana Toledano, Baptiste Andrieu, Pauline Brouillard, Selma Chanemougame, Erwan Proto, Mathis Egnell, Héloïse Lesimple, Nolwenn Brossier, Paul Boosz, Antoine Belloir, Raphaël Guignard, Hugo Duterne, ainsi que l'ensemble des chefs et cheffes de projet ayant participé aux travaux de recherche et à la rédaction des chapitres, et les administrateurs, Jacques Treiner, André-Jean Guérin et Sylvain de Forges.

Le PTEF serait resté un exercice essentiellement théorique s'il n'avait pas été enrichi par l'expérience et les conseils des spécialistes des secteurs étudiés, dont Félix Lallemand, Romain Grandjean, Guillaume Piaton, Angel Prieto, Diane Delaurens et Gilles Mitteau, pour ne citer qu'eux.

Nous voulons aussi remercier les bénévoles *shifters* qui ont apporté une énergie contagieuse et renouvelable pour mettre en récit le PTEF : Alexandre Barré, Guillaume Allart, Olivier Pezeron, Lucie Pedrola, Alexis Klein, John Creamer, Laurie Mécréant, Fanny Mazeran, Charlotte Gérard, Clément Jeanneau, Olivier Descout et bien d'autres.

Nous voudrions accorder une mention spéciale à l'illustratrice Agathe Duffour qui a dessiné avec humour et patience les contours de la société décarbonée à laquelle nous aspirons, et au graphiste Serge Nicolas qui a battu des records de réactivité pour traduire visuellement les données parfois complexes présentées au fil de ces pages.

L'ensemble de l'équipe du Shift Project remercie également les donatrices et donateurs qui ont permis de donner vie au PTEF.

Entreprises

Adventury, ADVOCNAR, Aqua Marcia Capital, AXA France, Belvédère, Boursigerault, Cosuma, D2L2, DBM Technologies, E2MC, Ektis, Elgee, Croustimat, Cabinet dentaire Fabien Gorry, Formalite auto, Formes d'Esprits, Ginkgo Développement, Harpi, Hôtel relais du Petit St Bernard, Ibahia, IMMR, Infinite DG, Istrium, Keryag, Les 4 W, LMDP Conseils, LPDDF, Make Ingénierie, MBL Management, Mon Quotidien Autrement, MySezame, Pelagos Holding, Pili, PM Participations, RDS France, RESP, Rhodia Laboratoire, Rochambeau, Second Œuvre Habitat, Mintset, Savoie Techno, Savonnerie de la Goutte noire, Scality, Docteur Benjamin Roth, Senergy'T, Pharmacie Lemaire, Sofraeve, SoLog Consulting, Sovilor, Toth SELARL, Whaou Effect, What If Consulting.

Particuliers

Nous souhaitons rendre hommage à Stéphane Gloriant, compagnon de route du Shift décédé bien trop prématurément, et dont les proches ont organisé en sa mémoire une collecte au profit du Shift Project.

Nous remercions également l'ensemble des personnes qui ont contribué à la campagne de financement participatif du PTEF :

Marc Abadie
Pierre Abautret
Lydia About
Fabien Abram
Philippe Abrias
Christophe Achte
Laurent Aczel
Charlie Adam
Guillaume Adam
Guy Adam
Xavier Adam
Laurence Adde
Nadège Adouard
Adlen Afane
Guillaume Aigrain
Quentin Aime
Fakroudine Akbaraly
David Albrecht
Veronica Albuja
Rodrigue Alcazar
François Aldeguer
Adrien Aldeguer
Jacques Alemany
Sébastien Alexandre
Huault Alexandre
David Alexandre
Anthony Alexis
Rind Alhage
Claire Alhenc-Gelas
Marion-Emi Alix
Nicolas Allali
Nicolas Allard
Xavier Allaume
Philippe Alliot
David Allioux
Nicole Allot
Logann Allot
Erwan Allys
Maxence Almanini
Loris Amabile
Végane Amary
Lorris Amathieu
Victor Ambonati
Burel Amelie
Nicolas Amelot
Éric Amoros
Jacques Amsilli
Jérémie Amsler
Laure Ancel
Sarah Andre
Raphaël Andre
Mathieu Andreux
Julien Andrieu
Alain Andrieu
Yann Andrieu
Guilhem Andrieu
Claude Andrieux
Guillaume Androuin
Guerin Angelina
Cyril Annat
Marie-Pierre Ansart
Julie Antic
Legrand Antoine
Salgas Antoine
Dorian Antoine
Eddy Antoine
Yann Antonucci
Annie Antony
Mickaël Anzemberg
Gilles Aouizerate
Valentin Apsite
Laure Aracil
Rue Ardenois
Camille Ardin
Alain Arditi
Sophie et Thibaud Arguillere
Cyril Arlot
Pierre Arnal
Florian Arnaud
Hugo Arnichand
Jean-Paul Arnoul
Shémiramis et Sébastien Arnoux
Cédric Arquillière
Tommy Arrault
Charles Arrighi
Agnès Arroyo
Bruno Artero
Vincent Arthaud
Mathieu Arthaud
Theo Asselborn
Simon Assens
Olivier Astic
Thierry Astier-Dupuy
Cyril Atchrimi
Sébastien Aubagnac
Charles Aubault
Carole Aubert
Geoffrey Aubertin
Pahul Aubin
Yoann Aubineau
Nicolas Aubry
Guillaume Audard
Barrans Aude
Thomas Audebeaud
Florent Audebert
Vincent Audebert
Guillaume Audfray
Thierry Audibert
Alexandre Audoux
Pascal Audoux
Pierre-Yves Audren
Robert Aufrère
Pascal Auger
Marie-Eve Aune
Marie Aupart
Yves Aurégan
Maxime Auriau
Marie-Luce Auriault-Alleno
Thierry Autard
Lucas Autones
Achille Autran
Rémy Autran
Marie-Amélie Auvinet
Guillaume Auzac
Olivier Avellan
Jean-Noël Avila
Nicolas Avisse
Sébastien Avon
Philippe Avril
Jean-Luc Bérard
Dominique Babel
Gérard Babin
Alexandre Bacco
Matthieu Bach
Olivier Bachet
Simone Bacles-Min
Jean-Florian Bacquey-Roullet
Arnaud Badoche
Pierre Baena
Daniel Bages
Ismail Bahemmouche
Jean-Marie Bahu
Stéphane Baillargeau
Thierry Baille
Clément Bailleul
Mathieu Bailly
Raphaël Baldion
Jean-Luc Balleux
Olivier Balme
Philippe Baloche
Agnès Balogna
Olivier Balosso
Maxime Balsat
Michaël Baœsse
Jonathan Baradeau
Laurent Baraton
David Barbe
Christophe Barbé
Nicolas Barbé
Grégory Barbet
Alex Barbier
Charles Barbot
Noël Bardelot
Antoine Bardin
Gwendal Bareaud
Alex Bargibant
Tom Baril
Damien Barjot
Nicolas Barla
Kathy Barla
Christine Barnel
Romain Barnéoud
Éric Baron
Hélène Baron
Charly Barral
Pierre Barrat-Charlaix
Matthieu Barrault
Stève Barre

Olivier Barré
Mathieu Barré
Louis Barré
Julien Barrellon
Pauline Barrier
Hervé Barst
Michel Barthas
Frédéric Barthe
Alban Barthélémy
Lionel Bassaler
Claire Basso
Jean-Philippe Bastard
Mathieu Batut
Jean-Michel Baud
Thierry Baudin
Béatrice Baudo
Sylvain Baudoin
Alix Baudot
Hélène Baudrand
Martial Baudrier
Élodie Baussand
Benoît Baustert
Arnaud Bawol
Maygane Bayrou
Charles Bazin
Camille Bazin
Brigitte Beauchesne
Robin Beaudot
Romain Beaufils
Antoine Beaugendre
François Beaulier
Julien Bebronne
Pierre Beck
Pierre-Marie Becoulet
Antoine Bedin
Emmanuel Bédouet
Nicholas Begelman
William Beguin
Maxime Béguin
Emmanuel Bejarano
Renaud Bekliz
Théo Bélaud
Pascal Belin
Sacha Bellaiche
Sylvie Bellamy
Jean Bellamy
Théophile Belle
Sylvain Bellebon
Jf Belliard
Christian Bellin
Maxime Belmon
Jeffrey Belt
Mathieu Belz
Léo Benamra
Claude Benard
Anthony Benay
Clémentine Benedetti
Emmanuel Benichou
Léo Benichou
Valentin Benoît
Valetin Benozillo
Pierre Benreguig
Anne Benrikhi
Emmanuel Bensadoun
Christophe Bento
Loïs Beranger
Renaud Berbis
Lionel Bercis
Hervé Berenger
Patrick Berenger
Nicolas Berger
Louis Berger
Gérard Berger
Adrien Berger
Thomas Berki
Jean Berlet
Laurent Berlioz
Clément Berlioz
Florence Bernadou
David Bernand
Simon Bernard
Romain Bernard
Fred Bernard
Nicolas Bernard
Anais Bernard
Ronan Bernard
Franck Bernard
Pierre Bernaud
Morgane Bernet
Carolynn Bernier
Annick Bernon
Pamina Bernou
Marguerite Berra
Jean-François Berrée
Jérémy Berry
Jocelyn Berthoz
Nicolas Bertin
Agathe Bertin
Guillaume Berto
Jérôme Berton
Jean-Jacques Bertrand
Antoine Bertrand
Yann Bertrand
François Bertrand
Luc Bertrand
Olivier Bertrand
Pierre Bertrand
Richard Bertranine
Théodore Berut
Hervé Besaucele
Michel Besnaïnou
Nicolas Besse
Samuel Besson
Bastien Besson
Theo Bessy
Laurent Beth
Clément Betout
Stéphane Bettane
Nicolas Beuneux
Jean-Baptiste Bey
Franck Beysson
Florence Beziat
Thomas Béziat
Stéphane Bezzina
Romain Bianchet
Hadrien Bianchi
Freddy Bichon
Christophe Bidaud
Baptiste Biet
Gérard Biewers
Alexis Bigeard
Lucas Bigeardel
Étienne Bigot
Julien Biguet
Biguet Biguet
Gaetan Bihel
Matthieu Bilaine
Olivier Bildstein
Romain Billard-Madrières
Jean-Pierre Billy
Alexis Bilon
Patrick Bilski
Myriam Binder
Julien Biondi
Lilian Birocheau
Florian Birot
Corentin Bisot
Joseph Bizard
Charlotte Bizot
Vincent Bizouard
Érick Bizouarn
Niels Bjarnason
Félix Blampain
Rémi Blanc
Gérard Blanc
Bernard Blanc
Guillaume Blanc
Joël Blanc
Rémy Blanchard
Ange Blanchard
Maxime Blanchemain
Eve Blanchet
Arthur Blancpain
François Blanot
Benoît Blanpain
Allan Blardone
Christian Blavier
Bruno Blavier
Yves-Marie Blesch
Alain Blin
Alexandre Blin
Guillaume Blondeau
Christophe Blondel
Sylvain Blondel
Émilie Bobin
Marion Bocaert
Géraldine Bochaton
Benoît Bodet
Carole Bodilis

Sylvain Bodin
Jean-Yves Bodin
Olivier Bodin
Mathieu Bodino
Marie Boehrer
Étienne Boellinger
Florent Boffard
Jérôme Boillet
Guilhem Boiral
Rodolphe Boireault
Thibault Boiron
Karine Bois
Jean-Didier Bois
Xavier Boisnard
Olivier Boissin
Marc Boitel
Alexandre Boittin
Paul Bolardi
Guillaume Boldron
Sylvain Bolifraud
Laurent Bolis
Matthieu Bollot
Stéphane Bondoux
Sébastien Bonfanti
Laurence Bonhomme
Nicolas Bonin
Jordan Bonivin
Anne Bonjour
Joseph Bon-Mardion
Guillaume Bonnaffoux
Aymeric Bonnamour
Grégoire Bonnat
Marc Bonnaud
Philippe Bonnaventure
Florent Bonnefont
Stephan Bonnefoy
Mathieu Bonnel
Joseph Bonnet
Ludovic Bonnet
Thomas Bonnet
Cécile Bonnichon
Sophie Bonnier
Vincent Bonnin
Philippe Bonnin
Jérôme Bonnouvrier
Gery Bonte
Josselin Bontemps
Catherine Bonvalot
Édouard Boosz
Julie Borde
Aurore Bordet
David Bordier
Romain Boré
Dominique Boren
Jean Pierre Borghese
Cambonie De
Bouard Boris
Stéphane Bortone
Baptiste Bortot
Élodie Bosc
Florence Bosse
Jacques Bosser
Jean-Michel Bostetter
Xavier Bostyn
Sebastian Botosezzy
Nicolas Bottagisio
Sylvain Bouchardeau
Laetitia Boucher
Christophe Bouchere
Victor Bouchet
Django Bouchez
Florent Bouchez Tichadou
Frédéric Bouchillou
Xavier Bouchoux
Caroline Boudou
Guillaume Boudry
John Boudsocq
Damien Bouffard
Arnaud Bouffard
René Bouffartigues
Matthieu Bougon
Pierre Bougon
Héloïse Bouëdo
Francis Bouillon
Alexis Bouillon
Nicolas Bouillon
Guillaume Bouillot
Geoffrey Bouillot
Fabien Boulay
Didier Boulay-Claverie
Pierre Boulet
Xavier Boulet
Frédéric Boullet
Emmanuel Bouquey
Laurence Bour
Nicolas Bourdel
Sylvie Bourdier
Jérémy Bourdier
Benjamin Bourdillon
Bernard Bourdin
Ludovic Bourdin
Antoine Bourdon
Raphaël Bourdon
Vincent Bourens
Pierre-Louis Bourgeois
Lucas Bourgin
Benoît Bourguignon
Enzo Bourhis
Pierre Bournazel
Séverine Bouroumeau
Philippe Boursier
Jo Bousquet
Simon Bouteiller
Nicolas Boutin
Paul Bouton
Stéphane Boutrouelle
William Bouttefroy
Grégory Bouttier
Catherine Bouvier
Jean-Marc Bouvier
Xavier Bouvier
Fred Bouvier
Alain Bouvier
Jean Bouvier
Philippe Bouvier
Philippe Bouysse
Marc Bouyssou
Antoine Bouzanquet
Agnès Bove
Marc Boyer
Maxime Boyer
Stéphane Boyon
Yoann Brûlé
Loïc Brabant
Vincent Brac De La Perriere
Kevin Bracco
Frank Braley
Florence Brami
Nicolas Branche
Carole Branche
Mael Bras
Yann Brassart
Antoine Braud
Charles Brault
Rémi Bréal
Éric Bregere
Nicolas Bregou
Maxime Bréhin
Mikaël Breluzeau
Denis Bresard
Olivier Bret
Philippe Bretesché
Isabelle Breune
Benjamin Bricault
Damien Bridevaux
Valentin Bridonneau
Pierre Brigode
Thierry Briquet
Robert Brizzi
Paul Bro.
Sébastien Brochier
Erik Brochiero
Anne-Cécile Brocq
Christophe Brogliolo
Alain Brolh
Frédéric Bron
Alban Bronisz
Antoine Bronowicki
Alexandra Brooking
Denis Bros
Christophe Bros
Daniel Broseta
Raphaël Brosseau
Henri Brouchoud
Xavier Brounais

Michel Bruder
Ariane Brumm-Liessens
Thierry Brun
Jean-Baptiste Brun
François Brun
Arnaud Brun
Baptiste Brun
Maev Brunet
Mireille Brunet
Muriel Brunet
Pierre Brunet
Clément Brunet
Edgar Brunet
Stéphane Brunner
Olivier Brunner
Lars Brunner
Le Bruno
François Brunschwig
Cédric Brusselmans
Vincent Bryant
Jean-Baptiste Bua
Pauline Bucciarelli
Yoann Buch
Bruno Bucher
Elias Buchwald
Renaud Buffétrille
Hyacinthe Buisson
Pascale Bullat-Despres
Romuald Bunel
Yoenn Burban
Valentin Burgaud
Roxane Burgorgue
Frédéric Burgos
Maxime Burguburu
Antoine Burguete
Jérôme Burkard
Jean-Yves Burlet
Julian Bursztyka
Piotr Bursztyka
Jean Burtschell
Marie-Françoise Bussiéras
Marie-Christine Bussiere
Aurélien Buteri
Daniel Buthod
Aymeric Butin
Olivier Buttiaux
Bruno Cabiac
Christian Cabrit
Priscille Cadart
Damien Cadon
Romain Cadot
Denis Cadoux
Guillaume Cagnon
José Cahuzac
Romain Caillard
Benjamin Caillat
Nicolas Caillat
Marie-Claire Cailletaud
Céline Cailly
Thomas Calcagno
Calvn Calderan
Philippe Callot
David Callu
Baptiste Calmette
Renaud Calmont
Pierre Calvel
Jean Louis Calvet
Quentin Calviere
Joël Cambon
Martin Camboulives
Thierry Caminel
Antoine Camper
Silvère Camponovo
Siméon Campos
Dominique Camus
Mathieu Camus
Léon Canat
Nicolas Canavaggia
Benjamin Candelon
Laurence Candon
Mathieu Canioni
Daniel Canny
Benjamin Cano
Mathieu Cano
Rémi Cantagrill
Jean-François Cantel
Guillaume Cantournet
Samira Canus
Isabelle Capart
Sophie Capron
André Capurro
Alexandre Carbenay
Romain Carbou
Philippe Cardenaud
Bertrand Cardinal
Simon Caret
François Carey
Pierre Carlet
Juliette Carlier
Guénaëlle Carlier
Antoine Carlier
Alexis Carlotti
Bastien Carniel
Tristan Caroff
Philippe Caron
Pascal Carpent
David Carrere
Julien Carrier
Renan Carrër
Maurice Carteron
Pierre Casals
Thibaut Caselli
Édouard Casilino
Valentin Cassat
Maxime Cassat
Dominique Castan
Claire Castellazzi
Yves Catala
Yvan Cataldo
Anthony Cathala
Raphaël Cathelain
Damien Cathrine
Joseph Catté
Fabien Catteau
Alexis Caujolle
Yann Caumartin
Émilie Caupos
Guillaume Caussarieu
Bruno Caussé
Frédérique Cauvin-Doumic
Aurélien Cavallé
Damien Cavaroc
Jérémie Cave
Bruno Cavenaile
Mathis Cayer-Barrioz
Guillaume Cazanova
Marion Cazautet
Frédérick Cazaux
Dominique Cazé
Hubert Cazenave
David Cébron
Adrien Ceccaldi
Luc-Pascal Ceccaldi
Pierre Ceccaldi
Dominique Célier
Hervé Cellard
Jérémy Celse
Jérôme Cendron
Richard Cenet
Alexandre Ceretto
Guillaume Cervera
Jean-Marc Cesar
Rémi Cesaro
Christophe Cesson
Pierre Ceteaud
Ines Chaabouni
Mathieu Chabaud
Germain Chabot
Bernard Chabrerie
Claire Chaduc
Marie Chaillou
Laetitia Chaix
Philippe Chaldjian
Baptiste Chamaillard
Vincent Chambat
Claudine Chambron
Patrick Chames
Fabien Chaminade
Léa Chamonal
Frédéric Champion
Romain Champourlier
Corentin Champseix
Benoît Champy

Matthieu Chanel
Selma
Chanemougame
Bertrand Channac
Marc Channelliere
Benoîte Chanon
Guillaume Chanson
Elisabeth Chantrieux
Jérôme Chapelle
Franck Chapouilly
Tarik Chardon
Laurette Chardon
Jean-Pierre Charier
Gaylord Charles
Florence Charlier
Griveau Charlotte
Benjamin
Charpentier
Thomas Charpentier
Francis Charpentier
Philippe Charpiot
Pierre-Antoine
Charrier
Thibaud Charrier
Benoît Charrier
Thomas Chartier
Brigitte Chartrain
Pierre Chateigner
Maxence Chatelet
Jean-Marie Chatelet
Maxence Chatelet
Guillaume Chatelet
Benoît Chatillon
Patrick Chaudron
Emmanuel
Chaumery
Joan Chaumont
Philippe Chaumont
Geoffroy
Chaussonnet
Franck Chauveau
Cédric Chauvin
Jean Michel Chauvin
Marion Chauviré
Frédéric Chavanne
Kevin Chavassieux
Domitille Chavatte
Alexis Chavelas
Alex Chavot
Nicolas Chazot
Checchi Checchi
Olivier Chédru
Christian Cheenne
Laurent Chemin
Raphaël Chenal
Rémi Cheneval
Jean-Philippe Chenu
Alain Cheuzeville
Thibault Chevalerias
Roger Chevalier
Clément Chevalier
Jacopo Chevallard
Eliott Cheveau
Thierry Chevrier
Charles Chevrou
Hugo Chevry
Danièle Chicanne
Laurie Chifflet
Jérôme Chirat
Quentin Chirol
Alain Chizat
Benoît Choain
Geneviève Cholet
Sophie Chomette
Agnès Choï
Hyacinthe Choquet
Simon Chorin
Fabrice Choukroun
Alcouffe Christian
Nicolas Christin
Ludovic Cimetiere
Philippe Ciocci
Christophe Cirade
Pierre Citon
Christophe Claeys
Jérôme Clair
Bruno Clair
Sean Clairin
Guy Claus
Éric Clausse
Jean-Louis Clauzier
David Claval
Jean-Marie Claveau
Grégoire Clavel
Véronique Clavie
Véronique
Clemenceau
Sylvain Clément
Michael Clément
Benoît Clément
Germain Clerc
Philippe Clerc
Thomas Clerc
Jean-Claude Clerc
Isabelle Clerc
Soisick Cleret
Juliette Clerget
Aymeric Clery
Simon Clinquart
Viviane Cloarec
Simon Cloastre
Thomas Clouet
Olivier Coanet
Julie Coassin
Charlotte Cobos
Guillaume Coeffe
Dominique Coeur
Mallory Coeur
Dorian Cogent
Jérôme Cognet
Pierre Cognet
Hugo Cohen-Skalli
Maxime Cojan
Hugo Colas
Bruno Colcombet
Jean Colcombet
François Colin
François Colin
Pierre-Antoine Colin
Guillaume Collard
Yann Collas
Stéphane Colle
Alain Collet
Laurent Collette
Sylvain Collilieux
François Collin
Jean Colnot
Patrice Colomb
Florent Colombier
Joseph Comar
Laurent Combe
Laurent Combelles
Maryline Combes
Ronan Combot
Thibaut Comet
Jean-Philippe
Commeignes
Sylvain Comte
Sébastien Comyn
Nicolas Conan
Laurent Condevaux
Guillaume
Condomines
Yves Connétable
Paul Conort
Guénolé Conrad
Frédéric Conrotte
Maxime Conte
Michel Contin
Robin Convert
Yves Coquelet
Yves Coquet
Raphaël Coquet
Stéphane Corazza
Maxime Corbel
Vincent Cordier
Maxence Cordiez
Francis Cordonnier
Élise Coriton
Céline Cornardeau
Emmanuel Corno
Corentin Cornuau
Claire Corral
Collière
Nicolas Corrocher
Maxime Cortese
Pascal Cossoux
Jean Costantini
Rémi Costantino
Antoine Costanza
Sarah Costanza
Roland Costeceque
Aurélien Costes
Guillaume Coston

Louis Cothenet
Guillaume Cotherel
Francis Cottard
Philippe Cotte
Sophie Cotten
Michael Cottencin
Xavier Cottenot
Éric Cotteux
Nicolas Cottineau
Jean-Charles Couderc
Romain Couderc
Nicolas Coudry
François Couëdo
Emmanuel Coulange
Thierry Coulange
Pierre Jean Édouard Coullandreau
Rémi Coulon
Laurent Coupe
Christian Courbian
Benoît Courco
Liliane Courivaud
Juliette Courlet
Gérard Courteille
Benoît Courtemanche
Émilien Courtine
Guillaume Courtines
Lionel Courtois
Mathieu Courtois
Pauline Cousinat
Guillaume Coussan
Mathieu Coustau-Guilhou
Olivier Coutable
Jean-François Coutant
Jean-Charles Couteau
Aurore Couthouis
Isabelle Couturier
Jérôme Crapart
Marie-Pierre Cravero
Xavier Crebassa
Antoine Crépel
Pierre-Philippe Crepin
Nicolas Crequer
Marion Crespin
Thomas Crestey
Jean-Loup Crété
Régis Creusot
Grégory Criqui
Cyril Criqui
Yves Cristin
Hugo Crochet
Frédéric Croison
Sylvie Cronier
Cyril Crosnier Leconte
Renaud Crouzet
Benoît Crouzet
Guillaume Crozet
Michel Crozier
Philippe Cruellas
Gil Cruveiller
Renaud Cuel
Jérôme Cuinet
Jean-Henri Culerier
Jean Fred Cuny
Antoine Curdy-Muggianu
Antoine Curdy-Muggianu
Sébastien Curier
Florent Curt
Jordan Curt
Alexis Cvetkov-Iliev
Cyril Deniaud
Anderson Da Silva
Joachim Da Silva
Florian Da Silva
Thibaut Da Soller
Sébastien Dabert
Hervé Dago
Erik Dagorn
Charlotte Daguenet
Sarah Daigle
Perrine D'Alessandro
Gildas Daligault
Alex Dalle
Laurence Damazie-Edmond
Geoffroy Dambrieres
Alexandre Danet
Bao Hanh Dang
Lionel Daniel
Laurent Daniel
Gildas Daniel
Julien Daniélo
Sacha Danjou
Thomas Dannemark
Marie-Laure Et Dardour
Anne-Marie Daré
Solene Dargaud
Damien Darrou
Frédéric Darthenay
Édouard Dassonville
Sylvie Daumal
Christophe Daunique
Mathieu Davaine
François-Xavier Davanne
Romain David
Aubin David
Romain David
Thomas David
Vincent David
Ségolène Daviere
Luis-Carlos Davila
Jean-Jacques Davoigneau
Caroline Davy
Benjamin Davy
Marc Dayres
Marlène De Bank
Marie-Pascale De Bonviller
Claire De Boursetty
Jonathan De Brandt
Line De Carné De Carnavalet
Arnaud De Castelbajac
Frédéric De Col
Antoine De Fontbrune
Gaëtan De Geoffroy
Aurélian De Gouttes
Rémi De Gravelaine
Jean-Renaud De Keruzec
Joëlle de La Casinière
Pierre-Henri De La Codre
Carine De La Morinerie
Baudouin De La Varende
Catherine De Lastelle
Maxence De Linares
Quentin De Maindreville
Matthieu De Maupeou
Jérôme De Murcia
Anne De Pourquery
Paul De Preville
Christian De Puymaly
Pierre De Renty
François De Rochebrune
Nicolas De Roo
François De Vecchi
Antoine De Veyrac
Thomas De Widerspach
Laurent Debain
RolandAgnès Debal
Mathilde Debenes
Georges Debiesse
Michel Debrabant
Matthieu Debris
Laurent Decastille
Famille Dechaseaux
Gérard Déchaud
Renaud Déchaux
Sophie Decombe

Matthieu Decorde
Antoine Decout
Sébastien Decreusefond
Pierre Decrocq
Marie Decroocq
Nathalie Dedryvère
Christophe Defaix
Jérôme Defillon
Marie Clotilde Defives
Renaud Defrance
Sébastien Degliame
Florence Degorgue
Hugo Deguillard
Laurent Dehaye
Bastien Deheurle
Philippe Dejardin
Julien Dejonghe
Édouard Dekegel
Guillaume Delabre
Emmanuel Delafoy
Virgine Delage
Catherine Delahaye
Mathieu Delalande
Grégoire Delamerie
Laurent Delanglez
Étienne Delannoy
Pierre-Gilles Delaporte
Baptiste Delattre
Pierre Delattre
Jean-Louis Delauney
Jean-Luc Delay
David Delcampe
Marc Deleglise
Sylvie Deleglise
Guillaume Delemarle
Lisa Delesse
Tom Deleuze
Michel Delhom
Fabien Delmares
Véronique Delmas
Joan Delmont
Benjamin Delmotte
Cyrille Delon
Brice Delorme
Joan Delort Ylla
Laure Delottier
Julien Deloubes
Arnaud Deloumeau
Soni Delpech
Clément Delporte
Martin Delporte
Nicolas Dely
Laurent Delzeith
Pascale Demade
Olivier Demaine
Carole Demairé-Lepape
Eve Demange
Pierre Demange
Guillaume Demaude
Selva Demaux
Gilles Demeuldre
Éric Demey
Marie Christine Demizieux
Alban Demode
Alex Demollien
Nathalie Demolling
Romain Deneau
Deneux Deneux
Emmanuel Denis
Quentin Denoyelle
Maxime Dépalle
Lucas Depasse
Thibault Depoux
Siroune Der Sarkissian
Aurélien Deragne
Julien Derenty
Jonathan Derio
Axel Dernon
Chris Derobert
Paul Deroubaix
Axel Derouet
Michel Derr
Hervé Derriennic
Pierre Des Courtis
Anne-Sophie Desaleux
Frédéric Desbonnet
Emmanuel Desbordes
Thibault Desbordes
Benoît Descamps
Renaud Descamps
Simon Descarpentries
Marc Descatoire
Élodie Descoimps
Olivier Descout
David Desgardin
Yohann Desgeorges
Cédric Desgranges
Dorothée Desmis
François Desmouliere
Fabrice Dessenoix
Emmanuel D'Estanque
Damien Detcherry
Arnaud Dethorey
Thérèse Dettwiller
Sylvain Deuwel
Pierre Devaux
Fabien Devémy
Raphaël Devianne
Jean Luc Devred
Thibaut Dewet
Nicolas Dezaire
Arnaud Dezandee
Chloé Dezani
Thoma Dhennin
Vincent D'Herbemont
Amaury Dhinaut
Alexandre Di Cocco
Marie Dibe
Marie Claude Didier
Valentin Dieudonné
Jean-Philippe Dieudonné
Yves Dieulesaint
Laurence Dieumegard
Annie Diot
Jean-Michel Ditner
Pierre-Jean Ditscheid
John Doe
Nicolas Doisneau
Thierry Domalain
Palluet Dominique
Lienne Dominique
Éric Domont
Patrice Dompgnac-Latour
Édouard Donnelly
Rémi Doolaeghe
Thierry Dore
Yvonnick Douard
Richard Douay
Hervé Doublier
Simon Douce
Thomas Doucerain
Brice Douet
Nathanael Dougier
Yaniv Douieb
Jean-Marc Douls
Jérôme Doumerc
Théodore Doumic
Fabrice Doumouret
Romain Douzon
Muriel Douzon
Arnaud Doye
Laurent Draperi
Quentin Draps
Pierre Drege
Bérengère Drevet
Arnaud Drevet
François-Michel Drevet
Emmanuel Driffort
Daniel Droetto
Olivier Drolon
Étienne Drouet
Esteban Drouet
Nicolas Drouet
Isabelle Drouillard
Emmanuel Du Pontavice
Sandrine Dubois
Julia Dubois
Michel Dubois
Philippe Dubois

Simon Dubost
Martin Dubourg
Olivier Dubreuil
Benjamin Dubreuil
Sophie Dubuc
Lara Dubuc
Yves Duchamp
Simon Duchateau
Antoine Duchene
Alexandre Duchêne
Bruno Duchon-Doris
Ariane Duclert
Corentin Ducrot
Geoffrey Dudragne
Damien Dufau
Mélanie Dufau
Casanabe Miramon
Pierre Duffau
Jérôme Dufon
Rémi Dufour
Nelly Dufour
Erwan Dufresne
Jacques Dufresne
Erwan Dufresne
Grégory Dugaret
Charles Dugas
Joana Duhalde
Jean Duisit
Jean-Pierre Dulaurens
Romain Dulery
Paul-Antoine Duley
Benjamin Dumas
Brigitte Dumas
Vincent Dumas
Jean-Philippe Dumont
Paul-Noël Dumont
Victor Dumont
Léo Dumont
Xavier Dumoulin
Damien Dupart
Florent Dupas
Matthieu Duperron
Cécile Dupetit
Frédéric Dupin
Victor Dupin
Alain Duplouy
Paul Dupont De Dinechin
Véronique Dupouy
Thierry Duprez
Pascal Duprez
Nicolas Dupuis
Clément Dupuy
Stéphane Durand
Dominique Durand
Timothée Durand
Jean-Baptiste Durand
Christophe Durand
Evelyne Durand
Jean-Christophe Durand
Sylvain Durand
Thomas Durand
Ludovic Durel
Christian Duremberg
Stéphanie Duret
Anne-Sophie Duret
Antoine Duriez
Augustin Durivault
Jean Durquety
Valentin Dury
Vincent Dusaugey
Pierre Dussarrat
Gabriel Dussollier
Michel Duthen
Olivier Dutour
Isabelle Dutournier
Marie-Pascale Dutoya
Mikael Duval
Tanguy Duval
Aurélien Duval
Fabien Duval
Nicolas Duvivier
Patrick Ear
Karine Echevard
Jean Eck
Michel Edin
Romain Eduin
Landia Egal
Marc Eglin
Nils Ehrenstrom
Camille Ehrismann
Ezzt El Fishawy
Ilyess Elqotbi
Jérôme Emaury
Léonore Emelien
Timothée Emelien
Paulette Emilio
Nicolas Emo
François Eozinou
Bartolone Éric
Jacky Ermel
Francette Escaffre
Paul Escande
Joseph Escriba
Thomas Escure
Laurent Eskenazi
Nicolas Eslinger
Antoine Esnouf
Franck Espalivet
Nathalie Espana
Elena Esper
Éric Espinasse
Nicolas Espinosa
Pascal Esposito
André Essahli
Dirk Esser
Vincent Essig
Patrice Estanguet
Florine Esteve
Loïs Estienne
Bruno Etchenic
Sébastien Etcheverry
Geoffrey Etter
Éric Eustache
Jeanne Eve
Christian Even
François Expert
Carine Eyermann
Hugo Eymery
Roland Eyssette
Caroline Eyzat
Laurent Ezequel
Thomas Fabbri
Joseph Fabbricatore
Sabine Fabbricatore
Michel Fabiani
Dominique Fabre
Arnaud Fabre
Je Fabre
Alexandre Fagart
Florian Falavel
Robin Falcone
Claude Falgon
Adrien Fallou
Yohann Fanget
Thibault Faninger
Pierre Fanuel
Léo Fargeas
Bastien Fargeot
Nicolas Fargette
Thibault Farnier
Matthieu Fasse
Gilles Fauchet
David Faucheux
Thibaut Faucon
Boris Faure
Michael Faure
Alban Faure
Gérard Faure
Charles Faure-Llorens
Chloe Faussat
Olivier Fauvarque
Corentin Fauvel
Solene Favari
Romain Favier
Frédéric Favier
Nathalie Fayard
Florent Fayaud
Hélène Faye
Michael Feat
Hélène Feau
Christophe Fechant
Theodor Felezeu
Olivier Fendrich
Georges Feniger
Grégoire Fennebresque
Ronan Fercoq
Sylvain Ferrand

Jérémy Ferrandi
Stéphane Ferrando
Vincent Ferrari
Sylvie Ferrari
Clément Ferrec
Maxime Ferrer
Damien Ferrier
Sylvain Ferriol
Olivia Ferro
Romain Fétick
Charlie Feuillard
Caroline Fevre
Jean Feyzeau
Grégory Ficheux
Clément Figea
Victor Fighiera
Antoine Figuer
Éric Fihey
Alexandre Fil
Lucas Filippi
Stéphanie Fillault
Baptiste Fillebeen
Damien Filliat
Antoine Fillot
Marlène Fine
Jean Charles Finot
Dominique Firinga
Tanguy Firinga
Clémentine Fischer
Lelia Fischesser-Martin
Matthieu Flahaut
Géry Flament
Flandinet Flandinet
Olivier Fleisch
Frédéric Flocard
Hubert Flocard
Daniel Florence
Bruno Florence
Johanna Florent
Raphaël Flour
Patrick Flouriot
Thierry Fockedey
Folliard Folliard
Cédric Fontaine
Simon Fontaine
Bernard Fontan
Pierre Antoine Fontanel
Mikael Fontarensky
Sandrina Foïs
Matthieu Forest
Léo Forner
Arnaud Fosse
Nicolas Foubard
Charly Foucault
David Fouche
Nicolas Fougerousse
Jean-François Fougnet
Jean-Sébastien Foulon
Robert Fouret
Jean-François Fourmond
Isabelle Fournel
Nicolas Fournel
Thomas Fournet
Cyril Fournet
Jacques Fournier
Dimitri Fournier
Alexandra Fournot-Mcgill
Michèle Foussier
Quentin Frache
Éric François
Pascal Franc
Delphine Franc
Ségolène Franc
Agnès Franceschi
Swann Franceschi
Antoine Francin
Babillon Franck
David Franck
Héloïse François
Philippe François
Nicolas François
Jérémie Franklin
Nicolas Frapsauce
Camille Fraslin
Ferdinand Fraulob
Éric Frayssinet
Loïc Frayssinet
René Fremondiere
Florence Frérot
Damien Fresier
Marie-José Fresier
Pierre Fressonnet
Anne Freulon
Paul Freulon
Boris Freulon
Willy Fréville
Gabriel Frey
Pierre Fribourg
David Friederich
Ronan Friguet
Pierre Friou
Alexandre Friou
Jean-Christophe Frisch
Rachel Froment
Victor Frontere
Hélène Frouge
Véronique Fustier
Vincent Gabillet
Cyril Gaborit
Robin Gaborit
Marion Gabriel
Louis Gachenot
Corinne Gacon
Yann Gadaud
Géraldine Gahide
Philippe Gailhbaud
Jérémy Gaillard
Julien Gaillard
Antoine Gaillard
Aurélien Gaillard
Louis Gaillard
Éric Gairaud
Caroline Galetto
Benoît Galetto
Catherine Galey
Alexandre Galicier
Patrick Galland
Mathieu Galle
Pierre-Louis Gallet
Pascal Galletti
Pierre Galletti
Anais Galligani
Thomas Galtier
Augustin Gamot
Gil Gannat
Kevin Ganne
Oscar Ganné
Damien Garcia
Paul Gard-Baholet
Alexis Gardent
Julien Gardiol
Cécile Gardon
Florent Gariou
Clémence Garnier
Marie-Hélène Garnier
Isabelle Garnier Sagne
Mickael Garreau
Frédérique Garrouste
Alexis Garsmeur
Franck Gary
Xavier Gary
Daniel Gasquet
Mathieu Gassies
Anne-Lise Gastaldi
Daniel Gastou
Corinne Gatineau
Olivier Gattaz
Jonathan Gaubert
Xavier Gaucher
Bernard Gauchet
Antoine Gaudfernau
Marie-Véronique Gauduchon
Nicolas Gault
Sylvain Gaultier
Robin Gauseres
Blandine Gausseres
Rémy Gauthier
Mathieu Gautier
Sylvain Gautier
Jérôme Gauvain
Arab Gawen
Clément Gay
Jérôme Gay
Arnaud Gay

Charly Gay
Ronan Gayme
François Gazeau
Oana Gazzar
Clotaire Geffray
Louis-Pierre Geffray
Frédéric Geffraye
Julien Geffroy
Jean-Philippe Geist
Pierre Gelinotte
Delphine Genes
Rémi Gendarme
Thomas Gendron
Thomas Genessay
Matthieu Genet
Jean-David Genevaux
Didier Genevois
Léo Genin
Bruno Genot
Olivier Gentaz
Olivier Gentilhomme
Jean Claude Geoffray
Théo Geoffrion
Olivier Georgel
Éric Georget
Philippe Georis
Seurin Gerald
Nicolas Gérard
Simon Gérard
Matthieu Gérard-Tulane
François Germain
Pierre Germain
Arnaud Germe
Claire-Eleuthèriane Gerrer
Alexis Gertz
Jérôme Gervais
Jean-Luc Gervais
Vincent Geslin
Mathieu Geze
Frédéric Gheung
Raphaël Ghilain
Baptiste Gibeaux
Hugo Gilbert
Julien Gilbert
Nicolas Gilibert
Tristan Gillard
Jean-Louis Gilles
Anne Gillet
Bruno Gillet
Pierre Gilliot
Yoann Gimbert
Grégory Giordano
Éric Girard
Pierre Girard
David Girard
Patrick Girard
Guillaume Girard
Laurent Girard-Reydet
Didier Giraud
Marc Giraud
Bernard P. Giraud
Jean-Baptiste Giraudeau
Marc Giraud-Telme
Nicolas Girault
Evelyne Girault
Quentin Girot
Chloé Giroud
Jean-Louis Glad
Kévin Goachet
Éric Gobe
Christian Godard
Baptiste Godard
Gersende Godard
Raphaël Godard
Jérémy Godefroy
Sophie Godel
Arthur Godet
Amandine Godet
Alexandre Godignon
Nicolas Godino
Emeric Goga
Pauline Gogue
Timothée Goguely
Guillaume Goizet
Anne-Fleur Goll
Philippe Gombourg
Camille Gomez
Jean-Charles Gonguet
Thierry Gonnet
Clément Gonzales
Ludovic Gonzalez
Véronique Gonzalez
Léopold Gonzalez
Olivier Goret
Yoann Gorka
Christophe Gorla
Sylvie Gorrier
Yannick Gorsse
Vincent Gouarin
Nicolas Goubet
Pascal Goubier
Mathieu Gougeon
Pierre Goujaud
Julien Gourio
Arnaud Gourion
Pierre Gourlet
Marceau Gourovitch
Julien Goursaud
Manuel Goursolle
Mathieu Goussin
Delphine Gracio
Julia Gragnolati
Nicolas Gramain
Jean-François Grandclaudon
Guillaume Grange
Damien Grangeat
Gaël Grangier
Benjamin Grapeloup
William Gras
Damien Graton
Maxime Graux
Felix Gravrand
Arnaud Grégoire
Philippe Grelié
Arnaud Grellier
Olivier Grellou
Antoine Grenier
Valentin Grenier
Tom Gresset
Gabriel Gresset
Gilles Gressier
François Griffond-Boitier
Julien Grillot
Françoise Grimaud
Vincent Grimault
Jean-Christophe Griveau
Anne Grivot
Kévin Grobas
Jean Philippe Gros
Guillaume Grosjean
Mathias Gross
Florent Grotto
Thierry Gruber
Quentin Gruet
Remi Grunewald
Alain Guardenti
Erwan Guehenneux
Maellia Guelimi
Guenole Guemas
David Guenard
Franck Guéneau
Cédric Guennoc
Josua Guérid
Philippe Guerillot
Jean Christophe Guerin
Matthieu Guérin
Laurent Guérin
André-Jean Guérin
Jérôme Guernon
Daniel Guerra
Laurent Guerraz
Mathieu Guery
Guillaume Guetat
Aurélia Guette
Claire Gueunier
Camille Guévenoux
Yannick Guezellou
Carolina Guezet
Cyrille Guibert
Patrick Guichard
René Guichardan
Sabine Guichet-Lebailly
Arthur Guidault

Benjamin Guignard
Nathan Guignard
Emmanuel Guignard
Pierre Guiguen
Valentin Guiguet
Florian Guilaumé
David Guilbaud
Thomas Guilbaud
Antoine Guilguet
Kevin Guilhaumou
Simon Guilhot
Maillard Guillaume
Guillemet Guillemet
Gérald Guillemont
Yves Guillemot
Géraldine Guillemot
Élise Guillet
Valentin Guillet
François Guillevic
Céline Guilloit
Fabrice Guillou
Nicolas Guillou
Dominique Guilloux
Ken Guiltaux
Patrick Guinebert
Clémence Guinin
Jules Guioth
Florent Guiral
Joël Guiraud
Timothée Guiraud
Loïc Guitaut
Natacha Gullon
Alain Guy
Flageul Guy
Jérôme Guyard
David Guyomarc'H
Yoann Guyon
Stéphanie Guyot
Christophe Guyot
Antoine Gyselinck
Frédéric Haas
Fabien Hachet
François Hacq
Florent Haffner
Sandra Haize
Rached Hamdi
Louis Hamelle
Romain Hamet
Antoine Hammerer
Erwann Hamon
Ronan Hamon
Dominique Hamon
Yoan Hamon
Matthis Hamy
Jérémy Hanesse
Ramond
Thomas Hanquet
Camille Hanslik
Pascal Hap
Diego Harari
Mikaël Hardy
Jean-Louis Hardy
Pierre Harkay
Jon Harper
Damien Harter
Luc Hasdenteufel
Nicolas Hastir
Patrick Hauguet
Nicolas Haumesser
Christian Haury
Julien Hauseux
Nicolas Hauseux
Caroline Hauss
Wandrille Hauzay
Antoine Hayes
Bertrand Hebert
Guillaume Hebert
Alain Heckmann
Christophe Hein
Benoît Heinrich
David Heinzer
François Hélénon
Claude Helmstetter
Rodrigue Henrio
Baptiste Henrion
Charles Henriot
Julien Henry
Pascal Henry
Pierrick Henry
Olivier Henry
Benoît Henry
Francine Henry
Sylvain Héquet
Jonathan Herault
Killian Hercouët
Émilie Hergott
Gérard Hermal
Gilles Heronneau
Gwenaele Herpin
Patrick Herpin
Jean-Claude
Herrenschmidt
François Herrmann
Loïc Herviou
Béatrice Heudiard
Philippe Heurtel
Jocelyn Heuzé
Arnaud Heydel
Camilo Hiche
Cyril Hijar
Philippe Hilaire
Jacques Hilbey
Myriam Hilout
Julien Hinard
Gwénaëlle Hirrien
Alexandre Hiver
Laurent Hochet
Sacha Hodencq
Mathieu Hoffmann
Xavier Holingue
Christian Hombert
Annabelle Hospital
Jean-Michel Hotton
Idir Houali
Sophiane Houamria
Olivier Houdaille
Julien Houelx
Pascal Houillier
Frédéric Hours
Franck Houssen
Emmanuel Houssin-
Monello
Arthur Hoyon
Phil et Myl Hrs
Nicolas Hubert
Mireille Huc
Mathieu Huchard
Jean-Michel Huctin
Gilles Hueber
Armand Huet
Théophile Huet
Loïc Hugedé
Arthur Huille
Baptiste Huin
Benoît Humbert
Bertrand Huneau
Rémi Huré
David Hussenet
Florent Husson
Clément Hyacinthe
Kevin Ibtaten
Maxime Ignaccolo
Stéphane Iguedjtal
François Ihuel
Lucien In
Cyrille Inacio
Alison Inzerilli
Serge Iovleff
Nabil Islam
Florian Isolet
Jonathan Israël
Valérian Iss
Simon Ister
Marc Itier
Richard Jabot
Sébastien Jacky
Guillaume Jacob
Louis Jacolin
Romain Jacquelin
François Jacquelin
Clément Jacquet
Matthieu Jacquier
Alix Jacquinot
Isabelle Jacquot
David Jadaud
Remy Jaffray
Damien Jaffré
Maxime Jahan
Bastien Jakobiak
Christian Jammes
Karine Jan
Sébastien Jan
Antoine Jantzen
Josselin Janvier

Lionel Jaouen
Claude Jaouen
Élodie Jard
Emmanuelle Jardat
Léopold Jarry
Jonah Jaubert
Kevin Jauneau
Bruno Javary
Olivier Jay
Arnaud Jay
Cyrille Jeanbart
Damien Jeandel
Pierre Jeannier
Raymond Jean-Pascal
Marie Jedar
François Jegu
Regnier Jérôme
Philippe Jerusalem
Noémie Jesus
Christophe
Joanblanq
Arnaud Joan-Grangé
Cathy Joanne
Yoann Jobard
Gérard Jobard
Frédérik Jobert
Aurélien Joga
Thomas Joire
Frederik Joly
Claude Isabelle Joly
Louis Joly
Merlin Jonathan
Jean-Louis Jonchere
Corentin Jorel
Filipe Jorge
Pierre Josse
Florian Josset
Adrien Jouan
Raphaël Joubert
Nicolas Joubert
Lionel Joubert
Émilie Jouet
Guillaume Jouffre
Frédéric Jouffroy
Pierre Jouglet
Paul Jouhaud
Jean-Pierre Jouin
Quentin Jourdain
Tangui Joyeux
Laurent Jubeau
Robert Jude
Lucas Julian
Renaud Julien
Alexandre Julien
Lardy Julien
Amelie Julien
Patrick Jullien
Élise Jund
Laurent Jupin
Elyes Kaak
Jérôme Kablitz
Olivier Kah
Géraldine Kahn
Alexandre Kalatzis
Victor Kalt
Ingrid Kandelman
Patrick Karkabi
Béatrice Kasperski
Christophe Kasprzyk
Antoine Kassis
Ombline Kaufmann
Pascal Kayser
Arman Kazemi
Pierre Keller
Pavan Kelly
Nathan Kennel
Marc Keraudren
Vincent Kerbouriou
Yannick Kerhervé
Arnaud Kerhuel
Bénédicte Kermadec
Laurent Kermel
Mathieu Kerrien
Pierric Kersaudy
Emmanuel Khan
Corentin
Khosrovaninejad
Kieffer
Jiquel Kilian
Manon Kister
Michael Klopper
Guillaume Knerr
Yan Koch
Nadège Kodratoff
Chrystel Kolb
Nicolas Kolf
Benjamin Konnert
Vladimir Kosmala
Guillaume Kozlowski
Jean-Noel Krieg
Yoann Krieger
Patric Kruissel
Raphaëlle Kulis
Sébastien Kunz
Pierre Labadie
Larroudé
Jacques Labaisse
Jean-Marc Labarre
Michel Labbe
Claire Labé
Emmanuelle Labé
Marguerite Laborde
Julien Laborde
Paul Laborde
Bruno Laborie
Timothée Labouret
Dominique Lacan
Samuel Lacombe
J-Paul Lacombe
Adrien Lacombe
Brigitte Lacoste
Mireille Lacoste
Erik Lacour
Adrien Lacroix
Hélène Lacroix
Jean-Pierre Ladiel
Hugo Ladoire
Thomas Laennec
Michel Lafarge
Jean-Luc Lafargue
Matthieu Lafargue
Thomas Lafeuille
Romain Laffaille
Dominique Laffîcher
Robin Laffîcher
Isabelle Laffont
Marie Paule Lafond
Journeaux
Thierry Laforgue
Alain Lagarde
Maxence Lages
Thomas Lagrange
Sandrine Laguerre
Michel Lagues
Antoine Laguilliez
Philippe Lahary
Janet Laine
Arnaud Lainé
Maxime Lalande
Guillaume Lalanne
Thibault Laloye
Thomas Lamalle
Vincent Lamarins
Thomas Lamassonne
François Lamballais
Hervé Lambert
Pascal Lambert
Adrien Lambert
Olivier Lambert
Franck-Emmanuel
Lambert
Thierry Lambert
Pascal Lambiel
Vincent Lamblot
Thierry Lameau
Nadia Lamiable
Fabien Lamire
Guénolée
Lamoureux
Julien Lamouroux
Paskal Lamy
Quentin Lancrenon
Thibault Landel
Carole Landon
Patrice Landré
Pierre Lanery
Romain Lange
Benoît Lange
Sébastien Langer
Thomas Langlais
Bernard Langlais
Benjamin Langlet
Paul-Henri Langlois
Denis Langue

Gilles Lansard
Yannis Laplace
Guillaume Laplace
Jean-Jacques Lapointe
Éric Laporte
Camille Lara
Vincent Larbre
François Lardeau
Marie Lardet
Delphine Largeteau
Philippe Larive
Vincent Lark
Hélène Larmet
Guy Laroche
Eléa Lascourrèges
Alexandre Laska
Olivier Lassal
Fanny Lassalle
Lucille Lassalle-Astis
Pierre-Benoît Lassince
Fabienne Latxague-Fenaux
Éric Laubacher
Caroline Lauféron
Elsa Laugareil
Guillaume Laugier
Louis Lauliac
Cédric Launay
Hubert Launay
Jérôme Laurençon
Olivier Laurent
Jean-Philippe Laurent
Mathilde Laurent
Nils Laurent
Lilian Laurent
Frédéric Laurent
Marc Laurent
Sabine Lauria
Simon Lavabre
Florent Laval
Vincent Lavarini
Denis Lavenant
Pierre Lavenus
Kélian Lavergne
Philippe Laverne
Martin Lavier
Emmanuel Lavier
Pierre Lavigne
Rémy Lavoiepierre
Christian Lavollee
Alexis Laws
Bertrand Lazard
Tuan Nghia Le
Fabienne Le Bail
Patrick Le Barber
Stéphane Le Berre
Sébastien Le Bleis
Hervé Le Borgne
Guillaume Le Bourdon
Caroline Le Bras
Hortense Le Calvez
Claire Le Calvez
Yann Le Clec'H
Charlotte Le Coguiec
Francis Le Coq
Sandrine Le Corre
Jean-François Le Deist
Jean-Luc Le Delaizir
Élise Le Delaizir
Benjamin Le Deul
Fabrice Le Dorze
Nicolas Le Douarec
Anthony Le Du
Philippe Le Duigou
Alain Le Falher
Antoine Le Fèvre
Édouard Le Gac De Lansalut
Erwann Le Gendre
Frédéric Le Glaunec
Sébastien Le Goff
Pierre Le Goff
Frédéric Le Gouis
Rachel Le Guen
Pauline Le Guen
Baptiste Le Guen
Pascal Le Guyader
Maxime Le Guyader
Gaël Le Hen
Paul Le Hen
Jocelyn Le Jeune
Olivier Le Marchand
Paul Le Merrer
Loïc Le Minor
Juliette Le Moal
Stéphane Le Page
Thierry Le Parc
Vianney Le Pichon
Arthur Le Pivert
Guillaume Le Port
Emmanuel Le Poulichet
Rodolphe Le Ruyet
Alexandre Le Tiec
Luc Le Toullec
Pascal Le Vannier
Tommy Lebalch
Éric Lebeau
Dorian Lebeau
Benoît Lebec
Pierre Lebedel
Raphaël Lebel
Jean-François Leblanc
Marc Leblanc
Laurence Lebleu
Christine Lebleu
Laurent Leblond
Patrice Leborgne
Maxence Lebossé
Ingrid Lebourgeois
Benoît Lebreau
Antoine Lebrun
Philippe Lecaillon
Thierry Lecerf
Victor Lechat
Stéphane Lechemia
Hervé Lechevalier
Pierre Lechevalier
Thomas Lechevallier
Nicolas Leclerc
Sixtine Leclercq
Charlie Lecocq
Jérôme Lecomte
Nicolas Leconte
Victor Lecouffe
Jean-Daniel Lecuyer
Véronique Ledos Pinson
Lucie Leduc
Amélie Lefebvre
Olivier Lefebvre
Alexandra Lefebvre
Hugues Lefebvre
Édouard Lefevre
Mickael Lefevre
Jérôme Lefort
Dominique Lefort
Guy Legeay
Frédéric Legrain
Florian Legrand
Sébastien Legrand
Jérémy Legros
Laure Legros
Jonathan Lehmann
Vincent Lejeune
Quentin Lelie
Marc Lelievre
Julien Lelong
Dimitri Lemahieu
Sébastien Lemaire
Raphaël Lemaire
Nadège Lemarchand
Clément Lemardelé
Philippe Lemarquand
Simon Lembeye
Jean François Lemercier
Camille Lemoine
Samuel Lemoine
Christine Lemoyne
Dominique Leneveu
Jean-François Lengelle
Éric Lenoble
Christophe Lenoir
Janine Lenthy
Joffrey Lepage

Guillaume Lepage
Nicolas Lepere
Bruno Lepeuple
Grégory Lepez
Adrien Lepic
Franck Lépinois
Clément Lepot
Benoît Lepouzé
Ghislain Lerda
Clément Lericolais
Corentin Leroux
Véronique Leroux
Mathilde Leroy
Stéphane Leroy
Arthur Leroy
Thierry Lesauvage
Camille Lescaudron
Gaëlle Lescombat
Céline Lescop
Guillaume Lesellier
Yann Lesestre
Christophe Lespingal
Yvette Lessire
Martin Lestienne
Gaëtan Lestienne
Louis Lesty
Marc Lesty
Kévin Lesur
Paul Letainturier
Mikaël Létang
Antoine Letourneux
Patrick Letourneux
François Léveillé
Damien Leveque
Séverine Levray
Xavier Leyder
Fanny Lhardy
Martine Lheureux
Paul Lhoste
Alice L'Hostis
Jérôme Lhote
Nicolas Lhuissier
Laurent Liardet
Daniel Lichau
Benoît Liégeois
Andrea Lieger
Marylène Lieutaud
Tardivel
Emmanuel Limal
Lundgaard
Richard Limier
Lucas Lindecker
Victor Livrozet
Vivien Lloveria
Maxime Lo Re
Maxime Locks
Guillaume Locquet
Simon Lods
Lucas Loegel
Guillaume L'Oeillet
Philippe Logier
Alexandre Loire
Esther Loiseleur
Florian Lombart
Françoise Longuet
Nicolas Longueville
Timothé Lonni
Le Borgne Loïk
Béatrice Lopes
Adrien Lopes
Richard Lopez
Florian Lorber
Matthieu Lorenz
Claude Lorenzini
Romain Lorenzini
Vincent Loriaud
Christine Loridan
Philippe Lorin
Aurélien Lossouarn
Hervé Loth
Valérie Loubet
Roland Louche
Bertrand Louis
Quentin Loupot
Maia Louvard
Christophe Louvel
Jean-Baptiste Louvet
Benjamin Louvet
Jonathan Lowy
Couget
Boris Loy
Yves Lozinguez
Yvan Lubac
Antoine Luc-Pupat
Vannoz Ludivine
Daniel Ludwig
Paul Lugan
Goncalves Luiz
Alexandre Lukat
Adrien Lupo
Sylvain Lurati
Suzanne Lutfalla
Nicolas Lutton
Antoine Maas
Mickael Maazoun
Michel Mabille
Alexandre Mabire
Alain Mac Cleave
Martina Machet
Clément Machon
Anissa Madani
Diane Maffre
Sylvain Magliocca
Jonathan Maglione
Cédric Magne
Christian Magne
Marie Ange Magniez
Harold Magniez
Éric Magry
Frédéric Mahe
François Mahé
Pierre Mahé
Thomas Mahier
Bruno Mahler
Fabien Mahut
Mael Maille
Mikaël Mailler
Jean-Baptiste Maillet
Guillaume Mailliet
Didier Mailliu
Valentin Maillot
Hugo Maingonnat
Romaric Maire
Joseph Maire
Adrien Maisonnobe
Vincent Makowski
Alexandre Malato
Charles-François
Malet
Florentin Malherbe
Baptiste Malherbe
Philippe Mallein
Alexis Mallet
Lucas Manetti
Christophe
Mangeant
Martin Mangeart
Victor Mangeat
Quentin Mangel
Florentine Mangenot
Benoît Mangenot
Louis Mangenot
David Manteca
Frédéric Mantelet
Dominique Manzi
Thibault Manzoni
Marie Marais
Diane Maraval
Stefani Marc
Casellas Marc
Olivier Marchais
Sylvain Marchal
Nicolas Marchal
Damien Marchal
Pierre Marchand
Quentin Marchand
Alice Marchand
Emmanuel Marchand
Frédéric Marchand
Benjamin Marchand-
Lenoir
Didier Marchetti
Jean-Luc Marechal
Philippe Marechal
Mathieu Maréchal
Mathieu Maret
Elliot Mari
Coquil Marie
Stéphane Marie
Clément Marie
Florine Marie
Saliha Mariet
Christophe Marin

Guillaume Marion
Edith Marlin
Arthur Marly
Jérôme Marmonier
Julia Marolleau
Bruno Marongin
Louis Marot
Rabye Marouene
Manuel Marquis
Frédéric Marret
François Marsollier
Benjamin Martareche
Arnaud Martel
Romain Marten
Simon Martenot
Chantal Marthiens
David Martin
Matthieu Martin
Clément Martin
Erwann Martin
Nicolas Martin
Michèle Martin
Remi Martin
Jofrey Martin
Fabien Martin
Alban Martinez
Delcayrou
Fanette Martinie
Serge Martinot
Bruno Martiretti
Joël Marty
Guillaume Marty
Richard Martz
Florine Marx
Arnaud Marzin
Gaël Marziou
Cécile Mascarell
Nassira Maslouh
Vincent Maspoli
Sylvine Maspoli
Bruno Massart
Joachim Massias
José Massol
Romain Masson
Bertrand Masson
Éric Massonnet
Alexandre Massy
Christophe Mathey
Cunault Mathias
Lorène Mathieu
Olivier Mathieu
Gauthier Mathieu
Hervé Mathis
Romain Mathonat
Emmanuel Mathot
Henri Matisse
Loris Mattei
Marc Mattei
Thomas Matton
Thierry Mattray
Alexis Matynia
Benjamin Mauban
Marion Mauclin
Jean Maudet
Nicolas Mauffré
Antoine Maufras
Rémi Maugain
Florian Maurel
Elisée Maurer
Nicolas Maurer
Adrien Maurice
Fanny Maurice
Serge Maurin
Guillaume Maurin
Patrick Maxant
Jean-Luc Maxence
Maxence May
Jean-Paul Mayant
Ayla Mayvial
Bernard Mazas
Xavier Mazellier
Catherine Mazet
Emmanuel Mechin
Ludivine Mecker
Philippe Medard
Claire Médigue
Felipe Medina
Sliman Médini
Sylvie Meheust
Pablo Mehler
Leo Meidinger
Virgile Mejean
Antoine Melchior
Pierre Meleuc
Sandro Melis
Thibaud Mellin
Dominique Menard
Adrien Menini
Bruno Menu
Sofian Merabiha
Pierre Merat
Quentin Mercier
Christian Mercier
Denis Mercier
Nathalie Meresse
Kevin Meric
Anthony Meriel
Théophile Merland
Laëtitia Merle-Perrot
Pierre Merlin
Dominique Merlino
Annie Merry
Michel Merveille
Laura Mery
Luc Mesme
Maël Mesplou
Benjamin Metadier
Marie Metge
Florent Metifeux
Julien Metzger
Grégory Meunier
François Meyer
Claude Meyer
Christine Meyer
Stanislas Meyerhoff
Elisabeth Meyrand
Carolina Meza
Jean-François Miaux
Martin Michalland
Pascal Michard
Antoine Miche
Théo Michel
Cécile Michel
Zamora Michel
Stéphane Michel
Nicolas Michel
Jean Michel-Lévy
Charles Michel-Levy
Christophe Michelot
Grégoire Michenaud-Rague
Alexandre Michon
Sylvain Miermont
Florian Migeon
Julien Mignonat
Marie-Ana Mikus
Grégory Millasseau
Jacques Millery
Laurent Millot
Alice Millour
Charles Mimeur
Antoine Mimeur
David Minard
Dylan-John Mindar
Éric Miniou
Alain Minois
Madeleine Minssieux
Alan Miny
Hervé Moal
Yann Mocaer
Loïc Mochel
Joël Modol
Carine Modolo
Olivier Moinard
Christophe Moine
Delphine Moiroud
Thomas Moisand
Pierre-Alexis Moizan
Pablo Molina Vila
Béatrice Molinier
Julien Mollat
François Mollier
Vincent Mollier-Sabet
Joseph Mommaerts
Wilfried Monange
Robin Mongredien
Quentin Monimart
Lucas Monjo
Francis Monnet
François Monnet
Evan Monroig
Capucine Montagne
Justine Montagne

Alexandre Monteil
Valentin Monteiro
Sophie Montet
Benjamin Montico
Pierre Mordchelles
Alain Moreau
Serge Moreau
Olivier Moreau
Robin Moreau
Juliette Morehead
Yves Morel
Baptiste Morel
Serge Morel
Laurent Morel
Thomas Morel
Yves Morel
Nicolas Morel
Nicolas Morell
Bruno Morelle
Éric Morelle
Tristan Moreno
Olivier Moreux
François Morieult
Fabrice Morilhat
Ronan Morin
Nicolas Morin
Christine Moritz
Rose Morliere
Paul Mortreuil
Tangui Morvan
Grégoire Mory
Hakim Mosbah
Jean-Marc Moschetta
Quentin Mossard
Jocelyn Mottin
Gilles Mouchet
Stéphanie Mouchotte
Frédéric Mouen
Paul Mougeat
Paul Mougel
Régis Mouillet
Thibault Moulard
Baptiste Moulard
Ludovic Moulard
Thibault Moulin
Régis Moulin
Anne Moulinas
Joachim Moulin-Levet
Pascal Mourier
Jean-Christophe Mourrat
Florence Mourrieras
Charles Moury
Marianne Moutinard
Julien Moutinho
Anne Moyaux
Stéphanie Moyne
Vincent Mugnier
Théa Mugnier
Jason Muller
Marc Muller
Hervé Muller
Hélène Muller
Tanguy Mulliez
Barnabe Munier
Pierre Mury
Pierre Muselet
Erwin Museur
Aurélien Musset
Vincent Myara
Michael Nallet
Florent Nanse
Paul Nardeau
Lilian Nardeau
Bertrand Nardy
Lorenzo Natale
Goullin Nathalie
Rech Nathan
Étienne Navarro
Jacques Naves
Nicolas Naville
Adrien Naz
Pascal Nedelec
Florent Neri
Richard Neveu
Vincent Nibart
Fabien Nibeaudeau
Valérie Nicol
Salchaud Nicolas
Pelletier Nicolas
Vincent Nicole
André Nicolet
Anna Nicolet
Vincent Nier
Jérémie Nikaes
Sylvain Nizou
Florent Nobelen
Christina Noel
Gilles Noël
Jacques Noirbent
Guillaume Noiret
Jean-Baptiste Noirot
Étienne Normand
Gilles Norroy
Sami Nosenzo
Bastien Nossek
Mike Notta
Rémi Nouvelot
Didier Novack
Diana Nurbakova
Guillaume Nuti
Erwan Objois
Nicolas Obrecht
Julien Ohler
Arnaud Oisel
Laurent Oliva
Édouard Olivier
Gailly Olivier
Florine Ollivier-Henry
Didier Oms
Cebrayil Onder
Sarah Orban
Hubert Orefice
Sébastien Oria
Philippe Ose
François Oudot
Laurent Ouvry
Dominique Ozeel
Emmanuel Paatz
Timothée Pacaud
Camille Pacaut
Martin Paccaud
Alexandre Pachot
Johann Padioleau
Daniel Paget
Guillaume Paillot
Hugues Palasset
Claudio Pallaro
Sonia Pallas
Sylvain Palmier
Raphaël Paofai
Géraldine Papin
Adeline Papon
Mathieu Paquelier
Jean-François Paradon
Romain Parello
Benoît Parent
Pierre Parent
Jocelyn Paris
Aude Paris
Clément Parisot
Olivier Parrens
Andrés Parrilla Gomez
Benoît Party
Jérôme Pascal
Marc Pascal
Claude Pascal
Martin Pasquesoone
Emmanuel Pasquier
Jérémie Pasquis
Sylvain Pastor
Mikaël Pastor Sanz
Thomas Patenotte
Axel Paugam
Julien Paul
Lucas Paul
Éric Paumerat
Pascal Paviet
Nicolas Payen
Marie Payen
Maud Payet
Guillaume Payet
Robert Pays
Alain Paysant
Magali Paysant
Virginie Péan
Bruno Pécontal
Duncan Pedotti
François Pédurand
Jean Baptiste Peglion

Romain Peiffer
Cyril Peillon
Jean-Luc Peiry
Carlos Pelayo
Thomas Pelissier
Lucas Pellegrin
Yves-Patrick Pellegrini
Pascal Pellet
Rémi Pellevoisin
Jonathan Pelliet
Nils Pellissier
Mathieu Peltier
Frédéric Penanguer
Charles Pénaud
Jean Baptiste Penent
Florent Penet
Corentin Penfornis
Hortense Penhirin
Valérie Penicaut
Julien Pennec
Denis Penninckx
Loïc Pentecôte
Thomas Pentecouteau
Justin Peraud
André Perez
Benjamin Peri
Alexis Perinet-Marquet
Xavier Permingeat
Quentin Péron
Raphaël Perotin
Antoine Perraud
Martin Perraudin
Armelle Perrichon
Camille Perrier
Bastien Perrier
Rosine Perrier-Kabré
Charles Perrin
Guillaume Perrin
Danika Perrin
André Perrin
Julien Perrin
Mickael Perrin
Antoine Perrin
Madeleine Perrin-Chatelain
Olivier Perriraz
Nicolas Perron
Laurent Perron
Vincent Perrot
Yves Perrot
Marie-Eve Perru
François Perruchas
Adrien Persegol
Renaud Pestre
Emmanuel Peteuil
Philippe Petifils
Grégoire Petit
Jean-Marie Petit
Cédric Petit
Benjamin Petit
François Petit
Laurent Petit
Elisabeth Petit-Chanteau
Enguerran Petitfils
Pierre Petitimbert
Samuel Petitjean
Eliane Petitjeans
Louis Petureau
Franck Peudevin
François Peyret
Pierre Peyretou
Vivien Pezerat
Olivier Pezeron
Pascal Pfeiffer
Dana Pfeuty
Agnès Pham
Ariane Phelizot
Rimond Philippe
Chuyen Philippe
Étienne Philippe
Hervé Philippet
Cécile Pianelli
Laurent Picard
François Picard
Julien Picaut
François Piccioli
François Pichard
Lionel Pichayrou
Olivier Pichon
Jean-Baptiste Pichon
Baptiste Pichot
Sébastien Piechurski
Clémence Pierangelo
Gaubil Pierre
Rachou-Langlatte Pierre
Ludovic Pietre-Cambacedes
Olivier Piétrement
Cédric Pietrons
Julien Piette
Yoann Pigeon
Éric Pignal
Dominique Pilard
Thomas Pilaud
Delphine Pilet
Étienne Pillet
François Pillon
Fabien Pillon
Christophe Pillon
Maxime Pilorge
Cédric Pineau
Léonard Pineau
Emmanuelle Pinquier
Johan Pinton
Antoine Piot
Stéphane Piot
Daniel Piovan
Quentin Piq
Julien Piques
Filipe Pires
Sophie Pirkin
Gilles Piroli
Marine Paulhiac Pison
Valérie Pistoresi
Armel Pitois
Guillaume Piton
Brice Plaisance
Julien Plan
Yohan Planche
Anne-Marie Plancke
Thomas Planques
Guillaume Plantamp
Simon Plas
Romain Plassard
Michel Plassier
François Plesse
Nathalie Ployet
Jean-Luc Pluymers
Victor Pobel
Pierre Pocreau
Ophelie Poder
Laurence Poey
Cécile Poignavent
Sébastien Poinson
Sonia Poirier
Sabine Poirier
Dominique Poissonnier
Julie Poitevin
Antoine Poitrenaud
Francis Poix
Frédéric Poizat
Laurent Polese
Jean-Christophe Polgar
Julie Polge
Jérôme Policard
Marie-Pascale Pollard
Julie Pollien
Thomas Pombourg
Elisabetta Pomiato
Benjamin Pommier
Geoffroy Pommier
Philippe Poncharal
Romain Pons
Manuel Pons Romero
Laurent Porez
Maxime Porlier
Claire Portail
Jean-François Portala
Benjamin Porte
Clément Porteman
Yann Porteu
Guillaume Portier
Thomas Portolan
Gwenaël Postec

Jean-Yvon Postec
Igor Potapoff
Bernard Poty
Celia Pouget
Brigitte Pouille
Vincent Poulain
Fabien Poulard
Brice Pouly
Jérémie Poupon
Guillaume Poupy
Fabrice Pourbaix
Didier Pouvreau
Lucas Pouzin
Sébastien Pouzols
Étienne Poyart
Nicolas Pozin
Myriam Pradat
Vincent Pradel
Christine Pradel
Franck Pramotton
Philippe Prandt
Valentin Prenant
Vincent Pressicaud
Brice Préver
Florent Prevot
Mathias Priami
Ludovic Priami
Morgan Prieur
Vincent Prieux
Yannick Prigent
Bertrand Prilleux
Romain Primet
Nicolas Priou
Joël Privat
Adrien Proby
Gilles Prochasson
Thomas Procureur
Alexis Prodhomme
Éric Proffit
Frédéric Proniewski
Jean-Baptiste Prono
Jean Prosperi
Hélène Prost
Philippe Proust
Thibault Provenat
Jean-Guy Provost
Quentin Provost
Charles Prud'Homme
Étienne Prunier-Duparge
Alexandre Pruvost
Fabien Pruvost
Isabelle Przydrozny
Clément Puech
Charlotte Puechmaille
Olivier Puig
Michel Puigredo
Geoffrey Pujos
Boran Pum
Jean Daniel Puyo
Jean-Jacques Py
Julie Pynte
Grégoire Quéré
Sylvain Quaghebeur
Anne-Sophie Quaisse
Richard Quatrain
Benoît Quatre
Jean-Pierre Queille
Gilles Quénéhervé
Brice Quentin
Romain Queutelot
Martine Quin
Renaud Quinson
Stan Rabache
Stanislas Rabault
Pierre Rabier
Christian Rabine
Emmanuel Rachelson
Dimitri Racimora
Antoine Radal
Vincent Radigois
Élodie Raevel
Julien Ragois
Grégory Ragot
Annaëlle Ragot
Christine Rahuel
Nicolas Raillard
Matthieu Rakotojaona
Sébastien Ramaugé
Guillaume Rambaud
Antoine Rambaudon
Hammed Ramdani
Christophe Rameix
Alain Ramier
Mirana Raminosoa
Philippe Ramos
Sarah Rampal
Frédéric Ramz
Bruno Ranc
Jean-Baptiste Rannou
Valérie Rapiau
Élodie Raspail
Valentin Rasse
Aurélien Rasse
Loïc Rathat
Raphaël Raux
Valérie Ravaine
Pierre-Philippe Ravier
Emmanuel Ravon
Philippe Raymond
Olivier Raynal
Arnaud Rebala
Diane Rebiscoul
Antonin Reboul
Dominique Rebreyend
Robin Recordon
Antoine Redouté
Émilie Regimbeau
Antoine Régis
Charles Regnault
Thomas Reichlin-Meldegg
Georges Reif
Gilles Reille
Emmanuel Reinhard
Thierry Reiss
Jean-Baptiste Renard
Antoine Renaud
Niels Renaud
Françoise Renaud
Marc Renault
Jérome Renault
Céline Renault d'Arras
Jennifer Renier
Julie Renucci-Sosson
Valérie Respaut
Pierre Reust
Julien Revault d'Allonnes
Clément Revereault
Jean-Yves Rey
Sylvain Rey
Céline Reyboubet
Clémentine Reynaud
Isabelle Reynaud
Yvan Reynaud
Anthony Rey-Pommier
Jean-Baptiste Riaux
Patrice Ribault
Marc Ribault
Céline Ribeiro
Alice Ribero
Quentin Ricard
Jean-Pierre Ricard
Thomas Riccardi
Aurélien Richard
Sulivan Richard
François Richard
Julien Richard-Foy
Stéphanie Riche
Florian Riche
Michel Richeboeuf
François Richermoz
Pascal Richier
Florence Richioud
Vadim Richon
Nicolas Ridoux
Natalie Rie
Lucas Riedinger
Jacques-Julien Rieme
Damien Rieutor
Régis Riffet
Gildas Rigondaud
Didier Rilliard
Renaud Rinaldi

David Rinaldi
Guillaume Ring
Guillaume Ringot
Alain Risbourg
Julien Rische
Benoît Rismann
Michel Risser
Anthony Ritter
Matthieu Rivat
Marina Rivera
Stanislas Rivier
Agnès Riviere
Alexis Rivière
Emile Rivoire
Sylvain Rivory
Sylvain Robbiano
Thomas Robert
Céline Robert
Matthieu Robert de
Saint Vincent
Marie-Manuela
Roberto
Baptiste Robin
Christelle Robin
Romain Robinet
Michel et Brigitte
Robinne
Olivier Rochard
Xavier Roche
Christian Roche
Étienne Rochelle
Thierry Rochereau
Armand Rochette
Violaine Rococo
Mansuy Rocquin
Nadège Rodrigues
Anabela Rodrigues
Marie-Laure Roe
Nicolas Roger
Michael Rogué
Marie Rohee
Matthieu Rohrmann
Jean-Baptiste Rolez
Laurent Rolland
Patrick Rolland
Jean-Michel Rolland
Benoît Rolland De
Ravel
Monique Rollier
Caussé Romain
Thibault Romain
Hugo Ronc
Yannick Rosager
Sébastien Roseau
Théophile Rosset
François Rossi
Pierre Rossi
Olivier Rossi
Peio Roth
Armand Roth-Heitz
Philippe Roubach
Pierre Rouchayrole
Bastien Rouches
Alain Rouchette
Hugo Rouf
Guillaume Rouge
Damien Rouillard
Martin
Roulleauxdugage
Aubin Roumillac
Mathieu Roumillac
Yann Rouquette
Baptiste Roure
Thierry Roussel
Jean Roussel
Xavier Rousselot
Nicolas Rousset
Mathieu Roussotte
Arnaud Routard
Frédéric Roux
Olivier Roux
Maxime Roux
Catherine Roux-
Spitz
Raphaëlle Rouzeau
Géraldine Roy
Didier Roy
Eliot Roy
Gérald Roy
Franck Royer
Ludovic Royer
Julien Royer
Jérôme Royer
Étienne Royer
Antoine Royet
Pierre et Geneviève
Royn…
Sophie Royné
Christophe Royné
Mathieu Rozé
Matthieu Rozel
Romain Rozelot
Marine Rozenblat
Benoît Roziere
Laurène Ruban
Sébastien Rubrecht
Simon Ruby
Vincent Rueda
Pierre Ruinet
Jean-Noël Rumeau
David Runser
Jean-Baptiste Ruon
Gaelle Ryckebusch
Antoine Ryon
Fabrice Sabarthes
Damien Sabathier
Marie Sabatier
Thibault Sabatier
Philibert Sabaton
Éric Sabine
Corinne Saboundjian
Sébastien Sacard
Serge Saeckinger
Gabriel James Saffar
Christophe Saglio
Saguez Saguez
Adriana Saikali
François Saillenfest
Sandra Saint-André
Alexandre Saintard
Romain Sainte Beuve
Morgan Saint-Just
Natalie Saint-Martin
Antony Sakton
Michel Sala
Jean-Luc Salanave
Yannick Saleman
Olivier Sales
Arnaud Salesse
Damien Saley
Sylvain Salomon
Vincent Salvadori
Anthony Salvi
Jacques Salzer
Ludovic Samper
Jérémie-Luc Sanchez
Maxime Sander
Jason Saniez
Paul Sanseau
Charles Sanson
Adrien Santerre
Frédérique Santi
Frédéric Santos
Florian Sanys
Vincent Sarciat
Philippe Sarlin
Jean Sastre
Saturnin
Aline Sauceau
Jean-Philippe
Saucede
Marc Sauerbrey
Nicolas Saugier
Paul Saugier
Florian Saulnier
Timothée Saumet
Thierry Sauray
Clément Saurel
Gonzague Sautier
Mylène Sauty
Elisabeth Sauvage
Hélène Sauvage
Thibaud Sauvee
Nicolas Sauvignon
Jean Sauvignon
Guillaume Savary
Luc Savelli
Paul Savignac
Valérie Savoyat
Fabien Sayer
Alain Scagliola
Jonathan Scanff
Bernard Schalck
Gerhard Schaumann

Ludovic Schepen
Matthieu Schielin
Philippe Schilling
Yannick Schini
Yves Schlumberger
Dominique Schmaltz
Benoît Schmaltz
Pascal Schmidt
Nicolas Schmitt
Gérald Schmitt
Alain Schnapper
Emmanuel Schneider
Thomas Schneider
Régis Schneider
Lionel Schoettel
Paul Schollhammer
Mathieu Schoutteten
Jonathan Schuite
Thomas Schuler
Vincent Schultz
Paul Schuster
Alexandre Schutz
Lionel Schwartz
Florent Sciberras
Antoine Scoliege
Delmas Sébastien
Pierre Sebaux
Bastien Secher
Pascal Seeger
Maxime Ségal
Hugo Segobia
Jean-Pierre Segonds
Denis Seimbille
Charline Seligmann
Lucien Senaneuch
Jean-Pierre Senaux
Cindy Sender
Robert Sensi
Anne Sentenac
Romain Septier
Jérémy Sergeant
Yan Serieye
Ana Paula Serond
Guillaume Serrano
Adrien Serrano
Jérôme Serre
Sylvain Sertillanges
Isabelle Servant
Henri Servignat
Léopold Shaabani Ardali
Anthony Siaudeau
Gabrielle Sibieude
Éric Silvestre
Marc Simboiselle
Anaïs Simoën
Géraldine Simon
Robert Simon
Hugo Simon
Pannetrat Simon
Emmanuel Simon
Marie-Noëlle Simon
Bastian Simoni
André Simonin
Gaël Simonneau
Claire Sinardet
David Sinquin
Aurore Sirantoine
Ariel Sirat
Gérard Sireuille
Olivier Sirjean
Anne-Bérengère Siroen
Charles Sirot
Charles Sistovaris
Serge Sitbon
Para Sitid
Jacques Sivard
Alexandre Sodreau
Jean-Christophe Sogno
Quentin Soignon
Thomas Soiron
Max Solazzo
Leonard Soler
Patricia Soler
Mathilde Sorel
Thomas Soret
Bertrand Soueres
Kermarrec Souffez
Didier Soufflet
Clément Souillet-Désert
Paul Soulie
Patrick Souterre
Mathieu Soutrenon
Basile Sowka
Paul Soyer
Laurent Spagnesi
Françoise Spagnesi
Alice Spagnesi
Thomas Spagnolo
Mathieu Specklin
Jérôme Sperling
Gabriel Spick
Étienne Spillemaeker
Lyna Srun
Guillaume Stampfer
Jean-Noël Stehly
Mikhail Stepanov
Bonnet Stephan
Patricia Stéphan
Serrano Stéphane
Thierry Stevenot
Louis Steyert
Matthieu Stierer
Patrick Stoclin
Adrien Stoessel
Nicolas Stoiber
Guillaume Stordeur
Antoine Strzelecki
Delay Stutz
Paul Sudries
Jean-Baptiste Sultan
Paul Suquet
Patrick Sure
Clément Surun
Jérôme Sussfeld
Kateryna Sykina
Machen Sylvain
Guillaume Szewczyk
Alexandre Tabone
Nicolas Tabore
Baptiste Taconet
Ulrich Tadault
Fabrice Taieb
Olivia Talhouk-Meiffren
Vincent Tallaa
Gérard Talon
Hervé Tanguy
John Tanguy
Perrine Tanguy
Céline Tanios
Nicolas Tarbes
Christophe Tardella
Xavier Tarpin
Fabrice Tassard
Alexandre Tastet
Bastien Tatin
Sébastien Tautou
Guillaume Tauveron
Pascale Taverne
Pascale Tchakhotine
Ghislain Teffo
Boris Teillant
Léopold Teissier
Olivier Teissier
Brice Tence
David Tencer
Yannick Terme
Jean Marc Ternisien
Bernard Terraz
Dominique Terres
Viktor Terrier
Romain Tertiaux
Steven Tertrais
Jérôme Teste
Martin Teychene
Anne Thenaisie
Hugo Thenon
Julien Thévenin
Adrien Thibault
Louis Thibaut
Théophile Thiberge
Mathys Thiers
François Thiré
Sandrine Thiriet
Lienard Thomas
Kaloustian Thomas
Romain Thomas
Benjamin Thomas

Olivier Thomas
Philippe Thomine
Pierre-Yves Thro
Olivier Thuault
Nicolas Thuet
Florent Thurotte
Pierre Tichané
Xavier Tillou
Matthieu Tingry
Clément Tiret
Timothée Tirmant
Patrick Tomas
Alexandre Tomski-Crapart
Mélanie Torbaty
Didier Torz
Bruno Toueix
Vivien Toulemonde
Denise Tourel
Yoan Tournade
David Tournadre
Catherine Tournadre
Arnaud Tournadre
Michel Tournaux
Pierre Tourneboeuf
Florent Tournus
Jérémie Tourtier
Cécile Touya
Margaux Touzain
Étienne Touzain
Gérald Townsend
François Traclet
Pauline Traynard
Aurélien Trébouvil
Ronan Tregouet
Arnaud Treguer
Xavier Trehorel
Martin Treilhou
Jean-François Treillou
Clément Tremblay
Jonathan Triboulet
Bernard Trillot
Mathieu Trincal
Alain Trinckvel
Étienne Trintignac
Stéphane Tritz
David Trochel
Benjamin Trocme
Pierre Trollé
François Trompat
Damien Tron
Antoine Trouche
François Trouillez
Jean-François Troump
Franck Trouve
Roland Tual
Guillaume Tudal
Nathalie Tuel
Richard Tuffier
Anne Tugaye
Alain Turbil
Guillaume Turlier
Martin Turpin
Sandra Turpin Cabrera
Guillaume Turri-Werth
Florian Tusseau
Matthieu Tusseau
Sheila Tynan
Michèle Uhring
Guillaume Ulrich
Florent Ulvé
Felipe Urbina
Joris Urien
Jocelyn Urvoy
Guillaume Urvoy-Keller
Guillaume Vaccari
Valérie Vacchiani
Vincent Vacelet
Thierry Vacher
Morgan Vachon
Jacques Vadorin
Vincent Vadurel
Adrien Vague
Jean-Luc Vaillant
Claire Vaillant
Mégane Vaillant
Viviane Vaillard
Manuel Valade
Jean Valayer
Jean-François Valen
Olivier Valentin
Marie Valentin
Denis Valenza
Vincent Valette
Colin Valiere
Vincent Vallet
Franck Valliet
Nicolas Vallin
Valentin Valls
Grégory Van Den Perre
Jeroen Van Der Schot
Marieke Van Lichtervelde
Hélène Van Melckebeke
Brieuc Van Thienen
Lionel Vanacker
Éric Vandamme
Nathan Vanhoutte
Alexis Vapillon
Adeline Vargas
Stéphane Varin
Eliott Varon
Tibor Vass
Simon Vassant
Jean-Philippe Vaudet
Denis Vautrin
Arthur Vauvy
Julien Vauxion
Valentin Vauzelle
Raphaël Veil
Loïc Vela
Augustin Velliet
Vincent Velociter
Jean-Pierre Velu
Thomas Venet
Jean-Paul Ventura
Frédéric Veny
Benoît Verbeke
Nathalie Vercruysse-Richier
Anne Verdier
Baptiste Verdin
Dominique Vergneres
Éric Vergnes
Raoul Verhaegen
Philippe Verley
Aurélien Verleyen
Pascale Verna
Jonathan Verne
Tanguy Vernet
Éric Vernier
Magali Vernoux
Étienne Veron
Nathanaël Veron
Christophe Verot
Michel Verrier
Jonas Verriere
Francis Versavel
Lou Verschueren
Pierre Verstraete
Jan Verschueren
Guilhem Verzat
Yannick Veschetti
Julie Vesz
Didier Vezinet
Delphine Vial
Corinne Vialle
Jean-Marc Viant
Daniel Viard
Francis Viarouge
Anthony Viaux
Claude Vibert
Sandrine Vicente
Jean-François Vidal
Laurent Vidal
Elsa Vidal
Floriane Vidal
Vincent Vidalat
Éric Vidalenc
François Vieille
René Vierstraete
Romuald Vieux
Sébastien Vigne
Gilles Vigneron

Jean-Christophe Vignoud
Adrien Vilain
Hugues Vilcosqui
Julien Villalongue
Vincent Villanueva
Thierry Villard
Laurent Villedieu
Olivier Villeneuve
Charlotte Villeneuve
Agathe Villien
Robin Villiès
Nicolas Vinçotte
Jean-Marie Vincent
Pierre Vincent
Grégory Vincent
François Vincent
Mathieu Vincent
Guillaume Vinel
Thomas Vinot
Michèle Virgo
Thomas Visentin
Baptiste Vissoud
Christine Vitale
Dominique Vitoux
Jcques Vitupier
Loïs Vivé
Terry Vlastos
Jonathan Vlastuin
Nicolas Voeltzel
Stéphane Voillet
Sébastien Voisine
Jean-Michel Vola
Philippe Volckaert
Patrice Volpe
Julien Voultoury
Christophe Vriet
Xavier Wadbled
Benoît Waeckel
Valentin Waeselynck
Félicie Wales
Mathieu Wales
Timothée Wallaert
Grégoire Wallaert
David Walle
Kevin Walter
Leo Wanty
Nicolas Warnier
Clément Warnier
Matthieu Warnier
Élodie Wary
Éric Watel
Philippe Weber
Jean Michel Weck
Jean Yves Wegner
Julien Wehrung
Frédéric Weill
Guillaume Weill
Sébastien Weiller
Grégoire Weisse
Jérôme Wentzel
Nadège Wesner
Bertrand-Alexandre Wettling
Nathalie White Dewulf
Laurent Wilket
Yann Wilpotte
Guillaume Winter
Hervé Wisler
Maxime Wisniewski
Charles Witvoet
Gilbert Wolf
Mara Wornan
Pierre Xemard
François Yen
Hermil Yoann
Nicolas Zabée
Daniel Zaczyk
Guillaume Zambelli
Sébastien Zamboni
Olivier Zanellato
Marilyn Zanetti
Jean Baptiste Zang
Guillaume Zaouche
Chafik Zeghida
Louis-Marie Zeller
Mathias Zemiro
Laurent Zibaut
Anne Clotilde Ziégler
Matthieu Zilliox
Thomas Zimer
Alexandre Zimmermann
Quentin Zimmermann
Valentin Zimmermann
Franck Zimmermann
Françoise Zink
Mathieu Zmudz
Frédéric Zoonekyndt

OUVRAGE DU SHIFT PROJECT
CHEZ ODILE JACOB

Décarbonons ! 9 propositions pour que l'Europe change d'ère (Z. Kahraman, A.-J. Guérin et J.-M. Jancovici), 2017.

Cet ouvrage a été composé
en ITC Galliard et en Poppins
par Nord Compo
à Villeneuve-d'Ascq (Nord).

Cet ouvrage a été imprimé sur du papier
dont les fibres de bois proviennent
de forêts durablement gérées

IMPRIM'VERT®

FSC
www.fsc.org
MIXTE
Papier issu
de sources
responsables
FSC® C012447

N° d'édition : 7381-5426-X – N° d'impression : 92067
Dépôt légal : février 2022

Imprimé en Belgique